Annemarie Jensen

Dit un dat besnackt op Platt

Plattdüütsch leevt

Husum

Umschlagabbildung: © Claudia Paulussen/Fotolia.om

Bibliografische Information der Deutschen Nationalbibliothek

Die Deutsche Nationalbibliothek verzeichnet diese Publikation
in der Deutschen Nationalbibliografie; detaillierte bibliografische Daten
sind im Internet über http://dnb.d-nb.de abrufbar.

Abbildungsnachweis

Abbildungen iStockphoto/Thinkstock

© 2013 by Husum Druck- und Verlagsgesellschaft mbH u. Co. KG, Husum

Gesamtherstellung: Husum Druck- und Verlagsgesellschaft
Postfach 1480, D-25804 Husum – www.verlagsgruppe.de
ISBN 978-3-89876-664-7

Plattdüütsch leevt

Du oder Sie?

Segg ik to en utwussen Mensch „du" oder „Se"? Dor sall dat vundaag um gahen. Aver, vör dat ik för uns Plattdüütschen en Antwoort op disse Fraag geven do, wüll ik vundaag eerstmal schrieven, wodennig de Hoochdüütschen mit „du" un „Sie" umgahen.

Bi de Hoochdüütschen weren de Regeln för't Anspreken bit gegen Enn vun de 1960er-Johren kloor. Dörchweg wurrn fremde Lüüd, de nich mehr Kind weren, mit „Sie" anspraken. De Öllersgrenz twischen „du" un „Sie" leeg bi uns in de Gegend um de Konfirmationstiet. Gingen de junge Lüüd dorna noch länger to School, säen de Lehrers meist „Sie" to se. Dat keem uns dormals ganz merkwürdig vör. Denn deselvige Lehrers harrn uns bitto doch immer mit „du" ansnackt.

Uk för junge Lüüd, de in de Lehr gingen, gull nu meist dat „Sie". Ünner annern mit de Anreed „Sie" wurrn de Jungen in dat Berufsleven, in de Welt vun de utwussen Lüüd, opnahmen. In lütte Bedrieven un op't Land bleev dat för de Lehrlings allerdings mitünner noch bi dat „du". Uk de Deensten wurrn wecke Steden mit „du" ansnackt, enerlei ob se jünger oder öller weren as de Herrschaft.

In de adlige Kreise is de „Pluralis Majestatis" anseggt. De Herrschaftsperson ward in de Mehrtallsform anreedt: „Wie Eure Majestät belieben." Uk orrig vörnehm is de Anreed in de dritte Person Eentall: „Möchte Er (Herr Oberbaurat) Kaffee oder Tee?" Dat heff ik noch 1970 in de Huusstand vun mien Vermieter hööt.

Bi de „Pluralis Benevolentiae" (Plural des Wohlwollens) könen wi uk beleven, dat een enkelte Person in de Mehrtallsform anreedt ward. En gude Bispill dorför is de Fraag vun de Chefarzt an de Patient: „Na, Herr Petersen, wi geht es uns denn heute?" Wenn Herr Petersen de Fraag wöörtlich nimmt un en beten slagferdig is, denn antwoort he: „Herr Chefarzt, wie es Ihnen geht, das weiß ich nicht. Mir jedenfalls geht es gut." Wenn de Chefarzt sien Patient so'n „verkehrte" Anreedform andeent un denn uk noch en passen Antwoort kriggt, is dat to'n Lachen. Disse Mehrtallsform heet uk „Krankenschwesternplural". „So, Herr Hansen, jetzt wollen wir uns mal auf die Seite drehen!" Deselvige Form is dat, wenn en Mudder ehr Kind denken helpt: „Jetzt wollen wir den Teller noch ganz leer essen." Meent is: „Nu eet du doch endlich mal dien Teller rein!"

As ik al sä, bit umbi 1968 weer allens täämlich kloor. In mien Johrgang hebben wi to'n Bispill noch all unse Kollegen bi't Studeren mit „Sie" anspraken. Wenn man bi en Person vun „Sie" op „du" umwesseln wull, geev dat (un gifft dat hüüt uk wedder) faste Regeln, wer dat „du" anbeden dörf. Man gegen Enn vun de sösstiger Johren ging dat opmal los, dat wildfremde utwussen Menschen „du" toenanner säen. Junge studeerte Lüüd fungen dormit an. Uk de Regeln för dat Umwesseln vun Sie op du wurrn dörchenanner smeten. Enesdaags sä en junge Assistenzdokter in de OP: „Du, Professor B., du kannst mir ja mal das Buch leihen!" Bi de Professor, de dormals kort vör de Pension stunn, un bi all de annern in de Runn bleev vör Verwunnern de Mund apen stahen. Man gut, wi harrn all en Mundschutz vör.

In de Tiet weer dat in'e Mood kamen, Soziologie to studeren. De moderne Erkenntnisse ut de Soziologie wurrn vun wecke junge Lüüd geern praktisch demonstreert. Vun dor an kunn man so sien Överraschungs beleven mit Anreden. Middewiel hett sik de Saak mit „du" un „Sie" gut inspeelt. Ik bin wunnerbor mit „Sie" dörch mien Berufsleven kamen. De jüngere Kollegen säen veel lichter „du". Beides hett sien Gudes. Et mutt blots passen. Wo't anbröcht is, bruken de Jungen nu uk wedder ganz natürlich dat „Sie", genauso as uns Ölleren dat „du" so sinnig wat lichter över de Tung kummt.

Du, Se oder Jem?

Letztmals heff ik schreven, dat de Hoochdüütschen siet 1968 dat „du" veel mehr bruken doon as se dat vörher däen. Op Plattdüütsch wurr dorgegen al immer veel lever „du" seggt as „Se". Bi uns op de Geest wurrn fröher blots de Lehrer, de Preester, de Dokter un villicht noch de Lehrherr in Geschäften un anner Bedrieven mit „Se" ansnackt. För uns Kinner weren all utwussen Dörpslüüd „Unkel" oder „Tante" (mit Vörnamen), uk wenn se överhaupt nich mit uns verwandt weren. All weren se „du", enerlei, ob se Buur, Arbeiter, Höker oder Handwarker weren. Duukte dor mal en fremde Mensch bi uns op, säen Vadder un Mudder to de uk „du". As Kind weer uns dat „du" in so'n Fall nich so geheuer. In'e School harrn wi je lehrt, dat man to fremde Lüüd „Sie" seggen sull. Aver, „Se" seggen to „normale Lüüd" keem uns apig vör. So helen wi uns geern doran, dat wi to utwussen Lüüd blots wat seggen durven, wenn wi fraagt wurrn. Antwoorten ging je uk ohne Anreed.

De Umgang mit „du" un „Se" mutt een lehren. Dat klappt nich immer so ganz, un so is dat uk geern en Thema in Witzen. Dorbi speelt öft de Preester en Rull, denn de durf man op gor kenen Fall mit „Du" ansnacken. Geern wurr sik lustig maakt över en Buurfru, de seggt hett: „Sei so gut, Herr Paster." De Titel vun en lütte Book vun Uwe Hansen ut Hamburg is: „Blots to Di seggt wi Se, Herr Paster".

Dat Geföhl för „du" un „Se" is lang nich överall eenst. Wenn „du" oder „Se" anners bruukt ward as wi dat mögen oder gewohnt sind, denn kann dat de Togang to en anner Mensch stören. Mit'n „verkehrte du" kann uns en Mensch to dicht an't Fell krupen. Wenn dat „Se" na unse Geföhl nich passt, denn is dor uk wat „scheef" twischen uns un de anner Mensch.

Wat „du"- oder „Se"-seggen bedröppt, is dor en grote Ünnerscheed twischen Angeln un de Geest. En Deern keem mit sössteihn Johren vun de Geest na Angeln in Lehrwirtschaft. Dor is se foorts aneckt, weil se „du" to de anner Deerns sä, so as se dat vun tohuus gewohnt weer. In de dörtiger Johren heirate en junge Fru vun Angeln na de Geest. Dor weer se aver bi de Nachboorn gau un för en lange Tiet butenvör, weil se de Lüüd rund umbi mit „Se" anspreken dä.

En Bankmensch ut Angeln, de wecke Johren in Leck arbeidt hett, hett mi vertellt: In Angeln is bi vele plattdüütsche Kunnen dat „Se" anbröcht. In'e Westen aver hett man mit „du" ganz vun selvst dat Vertruun vun de Kunnen.

In Angeln hett man immer Weert dorop leggt, „kultiveert" to sien. Dorto höört dat „Se". För de Lüüd vun de Geest sehg dat so ut, as wenn de Angeliters geern „wat Beteres" sien wullen. Dor wurr mitünner mal Narr na dreven.

Hüüttodaags is de Grenz twischen „du"- un „Se"-Gegenden lang nich mehr so düütlich. Dörch de gröttere Influss vun't Hoochdüütsche menen vele Plattdüütschen, dat „höört sik" un seggen „Se". Een wüll doch nich as Dööskopp dorstahn!

In Nordfreesland maken de Plattdüütschen bi de Anreed nich so veel Aggewars. Man höört dor meist keen „Se". Entweder seggen de Lüüd glieks „du", oder sunst heet dat „Jem". Dat is dat plattdüütsche Woort för „Ihr" un höört sik ganz fründlich an: „Sall ik Jem dat mal wiesen?"

In wecke anner Spraken is de Anreed uk eenfach. In't Englische heet dat „you" för du un Se. De Skandinaviers sind hüüttodaags meist mit jedereen op „du". Blots enkelte öllere Lüüd holen dor noch an de Höflichkeitsform fast.

8

Anreed mit Vör- oder Nanaam?

Nich blots bi de Anreed mit „du", „Se" oder „Sie" gifft dat Ünnerscheden twischen Hooch- un Plattdüütsch. Uk mit de Naams is dat in't Hoochdüütsche bi de Anreed lang nich immer so, as wi dat vun't Plattdüütsche her gewohnt sind. In't Plattdüütsche is dat kloor: To „du" höört de Vörnaam un to „Se" de Nanaam. Op Hoochdüütsch kann dat aver uk mal anners sien. To'n Bispill in en grote Supermarkt prahlt en Verköpersch: „Frau Petersen, weißt du, was die Bananen kosten?" So'n slags Fragen mit Frau Sowieso un „du" heff ik uk bi Reinmaakfruuns in't Krankenhuus höört. In de deenstliche Umgebung höört sik dat un seggen „Frau Petersen" oder „Frau Schmidt". Aver, wenn disse Kollegins privat mitenanner snacken doon, denn seggen se „du" toenanner un bruken bestimmt uk de Vörnaam. Bi de Arbeit un bi't Geschäftliche ward de Nanaam bruukt. Dat vertrute „du" lett sik aver in de Arbeitswelt nich eenfach bisiets schuven. De Kombination Nanaam un „du" heff ik, sowiet ik mi besinnen kann, blots bi Fruunslüüd höört. Bi de Mannslüüd is dat, uk bi de Arbeit, entweder „Sie" un Nanaam oder „du" un Vörnaam.

Wenn Mannslüüd mitenanner snacken, denn ward allerdings mitünner mal dat „Herr" weglaten. Doch dat „Sie" blifft dorbi liekers bestahn. „Meier, besorgen Sie mal die Unterlagen." In so'n Fall kann uk dat „bitte" gau mal op de Streck blieven. So'n Befehl höört sik en beten ooldaagsch un militärisch an. Aver so ganz utsturven is disse Anreedform ohne „Herr" noch nich. Bi en Fru fallt de Anreed „Frau" nich so licht weg. Uk wenn dor över Lüüd snackt ward, kann dat bi Männer un Fruuns verscheden sien. To'n Bispill över de Lehrer, Herr Krause, heet dat: „Krause hat gesagt." Geiht dat aver um de Lehrerin Fru Krause, denn ward seggt: „Frau Krause hat gesagt."

Wunnert hebben wi uns, as wi in de Schooltiet mit sössteihn/söventeihn Johren opmal mit „Sie" anspraken wurrn, un liekers bleev dat in de Anreed bi de Vörnaam. Dat passte för mien Geföhl nich tosamen. Genauso heff ik mi wunnert, as mi vör en Tietlang en Fru, de en lütt beten öller is as ik, anbood, dat wi uns doch man mit Vörnaam ansnacken kunnen. Dat düchte mi uk. Ik wull grade to en vergnöögte „du" ansetten, dor keem vun ehr en „Annemarie, können Sie mir das vielleicht zuschicken?" Ik bruuk wiss nich dorto seggen, dat de anner Fru en pensioneerte Lehrerin is.

Wo ik opwussen bin, weer dat mit de Anreed mit du oder Se un mit Vör- oder Nanaam ganz kloor regelt. En poor Dörper wieder is dat al wedder anners ween as bi uns. To dat Thema heff ik en E-Mail kregen. „Bi uns in Sieverstedt (Lusangeln) weer dat för uns Kinner so: To de Verwandten, Onkels und Tanten säen wi Onkel Hans, Tante Marianne. To all de erwussenen Dörpslüüd säen wi ok Du. Mit de Ünnerscheed, dat wie disse „Onkels und Tanten" mit Du, avers denn mit de Nanaam anspreken däen. To'n Bispell, Onkel Petersen, Tante Hansen.

Nu kümmt dor en lüttje Geschicht: 1944 truck en Fru ut Kiel mit ehr Dochter bi uns in. Se weren utbombt. De Fru harr de Naam Gerda Meier. Also för uns Kinner en Person, de nich mit uns verwandt weer. För uns Kinner selbstverständlich „Tante Meier". Dat much Fru Meier nich so geern hören. Wie schulln man Tante Gerda seggen."

Wer seggt „Stammnaam"?

Vör dat ik över Wöör för dat hoochdüütsche Woort Nachname schriev, wüll ik doch gau noch een Deel to de Anreed nadregen. En ole Kolleeg geev mi en feine Bispill för de distanseerte hanseatisch-britische Oort vun Anreed: Ooltbundeskanzler Helmut Schmidt speelt geern mal Schach mit (oder gegen?) sien SPD-Fründ Peer Steinbrück. Dorbi sall Helmut Schmidt mal disse schöne Satz seggt hebben: „Peer – Sie haben das Zeug zum Bundeskanzler!"
Letzt bi dat Thema „Naams bi de Anreed" kreeg ik bi't Schrieven en ganz merkwürdige Geföhl. Dat wurr jede Mal, wo ik dat Woort „Nanaam" för „Nachname" schreev, immer wat duller. Opmal wurr mi kloor, worum dat so weer. Wi hebben fröher överhaupt nich „Nanaam" seggt. Bi uns weer dat immer de Stammnaam. Letztjohrs bi mien Kolumne över Hermann Claudius heff ik uk ohne Nadenken wat över de „Stammnaam" vun de Familie Claudius schreven.
Dat ik eenfach en niee Woort in mien Woortschatz opnahmen heff un dorför en anner een meist achtern affullen weer, hett mi doch orrig beweegt. Dorop hen heff ik en ganze Reeg Plattdüütschen fraagt, wat de to de hoochdüütsche „Nachname" seggen doon. De meisten hebben antwoort't: „Nanaam". Dat is de wöörtliche Översetten vun Nachname. Denn wurrn uk Tonaam, Familiennaam un Achternaam nöömt. „Tonaam" is datselve as „Zuname". De Familiennaam is kloor, aver bi dat Woort „Achternaam" is twischen Hooch- un Plattdüütsch en gröttere Ünnerscheed, as man in de eerste Ogenblick denkt. „Achter-" heet op Hoochdüütsch „hinter-". „Hintername", dat kann man op Hoochdüütsch nich seggen. Man wenn een bedenkt, dat de Achternaam „hinter" de Vörnaam steiht, is dat uk wedder gor nich so dösig as een villicht eerst meent.

11

Aver, wat is nu mit de Stammnaam? Een eenzige Mann hett bi mien Fragerie in de eerste Anloop de „Stammnaam" nöömt. En ganz poor Lüüd kennen immerhen dat Woort, aver de meisten seggen, se hebben dat noch nie höört. In't Internet funn ik uk nix, wat ik bruken kunn. Dor warrn „coole" Stammnaams söcht för Internetspele, för „browser game Stämme". Uk över Naams vun Indianerstämme kann man dor wat to weten kriegen. Man över de Stammnaam vun en slichte schleswig-holsteensche Familie heff ik nix funnen. Uk in dat Wörterbook vun Mensing kummt de Stammnaam nich vör.

Nu fraag ik doch mal de Lesers: Wer hett fröher Stammnaam seggt oder deit dat nu noch? Mi fallt sunst meist blots noch dat in: Dat Woort Stammnaam kunn letztenns as Fachutdruck ut de Ahnenforschung vun de Nazitiet her wecke Steden hangenbleven sien. Oder hett dat sik doch vun noch öllere Tieden her holen?

De Stamm

Vundaag wüll ik vertellen, wat letzt bi mien lütte „statistische Erhebung" to dat Woort „Stammnaam" rutkamen is. Vun wecke Lesers heff ik to hören kregen: „Stammnaam, ja, dat seggen wi uk". En deels Lüüd laten dat „-naam" weg: „Wat heetst du eentlich mit Stamm?" fragen se, wenn se de anner sien Stammnaam weten wüllen. Vele Lesers aver harrn dat Woort Stammnaam noch nie höört. Sodennig weren uk de mehrsten vun de, de sik mellt hebben, för Achter- oder Nanaam in'e Steed vun dat hoochdüütsche Woort Nachname.

Wat ik dor bedreven heff, weer natürlich keen exakte Wissenschaft, aver intressant weer't liekers. Ut Sörup kreeg ik sogor en Gedicht tostüert, dat de Angeliter Claus Brix vör över hunnert Johren schreven hett. Dat

Gedicht fangt so an: „En Schooljung, de mit Vörnam' ‚Peter' un ‚Riefelsen' mit Stammnam' heter, de mak mal en verwegen Spill, wat ik ju kort vertellen will."

Bi de Diskussions över dat Woort Stammnaam kemen verwandte Wöör to Spraak: Dat Stammbook, de Stammboom, de Stammholer, stammverwandt, afstammen un dat Sprichwoort „De Appel fallt nich wiet vun'n Stamm". All Lüüd, de hüüttodaags noch de Wöör „Stammnaam" oder „Stamm" bruken, hebben wat mit Landwirtschaft to doon. Se bringen uk glieks dat Woort „Stammsteed" vör. Wenn fröher en Buernbesitz verarvt wurr, denn kreeg een Söhn de Stammsteed, dat heet, he kreeg de Gebüden, in de de Familie meist al över mehrere Generations leevt harr, un he kreeg en grote Deel vun dat Land dorto. Bi gröttere Buersteden kunn mitünner en twete Söhn en Deel vun dat Land afkriegen. Sodennig kunn de twete mit niee Gebüden en egen Buersteed grünnen. De Familie op de niee Steed harr deselve Stammnaam as de op de Stammsteed.

Wenn een sik ankickt, wat in de letzte Johrteihnten mit Buersteden un Landbesitz passeert is, denn is kloor, worum wi dat Woort Stammnaam nu wiss bald vergeten hebben. Op meist all de Buersteden, wo över Johrhunnerten grote Familien siss Arbeit un Utkamen harrn, könen in unse Tiet keen Familien mehr existeren. Eerst wurrn de Buersteden noch as „Nebenerwerbsbetriebe" wieder bedreven. Aver nu sind de mehrste Bedrieven oplööst un de Gebüden warrn blots noch as Wohnhuus bruukt. Dat Land is verköfft oder an een vun de wenige grote Bedrieven in de Gegend verpachtet. Bi't Verarven is Land nix anners mehr as en bestimmte Summ Geld. Anners as en Buersteed is Geld aver nich verbunnen mit en Familiengeschicht un en Stammnaam. So is dat keen Wunner, dat dat Woort „Stammnaam" so sinnig vergeten ward.

Binaams un Ökelnaams

In dat Dörp, wo ik opwussen bin, geev dat dree Buern mit de Naam Thomas Thomsen. De harrn jeder twee Binaams. Een weer för dat Amtliche un för de Post: Thomas Thomsen „Ost", „West" un „Süd". De anner Binaams harrn sik wohl ut de Familiengeschicht ergeven: Petschers, Peers un Markusses Thomas. Siss „echte" Stammnaam wurr vun de Hiesigen in't Dörp nich nöömt. Alleen mit de Binaam weer kloor, wo dor grade vun snackt wurr. Noch duller mutt dat ween sien in en Dörp in'e Westen. En Leser vun dor hett mi vertellt, in dat Dörp hett dat sogor söven Christian Christiansens op mal geven. In de Fall hulpen natürlich uk blots Binaams oder Ökelnaams (Spitznaams), dat een de Familien all utenanner holen kunn.

To en Ökelnaam kaam Lüüd dörch en besünnere Egenoort in'e Körperbu oder in't Benehmen. Wodennig de lange Hans oder de dicke Klaus utsehn hebben, kann een sik denken. Tine Kniep weer kniepig (giezig). De „Afkaat" wusste över allens ganz genau Bescheed un harr immer Recht. „Tante Torrad", de Hebamm, keem, wenn dat sowiet weer, mit Motorrad ansuust.

Wenn Lüüd frisch totrucken weren, harrn se dat mit all de Bi- oder Ökelnaams in en Dörp böös suer. Se kemen dorbi licht mal dösig afsteed, un för de annern geev dat denn wat to lachen. Sodennig ging dat de junge Schoolmeister in Bordelum mit de Smitt Reinhold Petersen. De Smitt weer uk keen „echte" Bordelumer. He weer in Lüngerau opwussen. In Bordelum weer he glieks opfullen dormit, dat he immer „I" sä (hoochdüütsch „Ihr") un nich „Jem". Foorts weer de Smitt för dat ganze Dörp „Reinhold I".

As de niee Schoolmeister de Hülp vun en Smitt bruke, wurr he vun en Nachbor na „Reinhold I" schickt. He begröte de Smitt mit: „Guten Tag, Herr I". Dor hebben sik de Lüüd al vör gut fofftig Johr över amüseert. Aver uk hüüttodaags ward de Geschicht immer noch mal wedder vertellt.

Binaams röhren öft vun de Beruf her. Wat Macke Buer, Martin Smitt, Bernhard Muermann, Karl Timmermann, Emil Schooster un Grete Neihdeern vun Beruf weren, kann een sik denken. Bi Peter Kuhle mutt man al en beten mehr spekuleren. He weer Kirchendener un musste de „Kuhlen" utgraven, wenn dor een beerdigt warrn sull. Hein Oog is Ogendokter ween. An disse Steed grööt ik Peter Unimog. He hett vele Johrteihnten op dat Fohrtüüg bi de „Kass" arbeidt.

All disse Lüüd weren wiet un siet bekannt ünner siss Binaam. Aver, wat heten se op't Papier? De Fraag hett ünner Dörpslüüd nie en grote Rull speelt.

Naklapp to Anreed un Naams

En Leser, de al lang in Dänemark leevt un in'e Bredstedter Gegend opwussen is, hett mi schreven, dat he as Kind to Lüüd ut de Grootöllerngeneration nie „du" seggt hett. De Anreed weer immer in de dritte Person un mit Naam: „Mag Opa wohl to'n Eten kamen?" oder „Mag Unkel Krüschen uns wohl seggen, um wi in sien Heuschüün spelen dörven?" Enkelte öllere Lüüd ut'e Westen hebben mi sowat uk al fröher vertellt.

15

En anner Anreedform in de dritte Person bruken uk de Hoochdüütschen: Bi lütte Kinner ward meist nich „ik" un „du" seggt: „Mama wiest Peter dat glieks" in'e Steed vun „Ik wies di dat glieks" oder „Is Peter al satt?" för „Bist du al satt?"

Nu noch kort wat to dat Gedicht vun letzt: „En Scholjung, de mit Vörnam' ‚Peter' un ‚Riefelsen' mit Stammnam heter..." In Dannewerk hebben de Kinner dat fröher sungen bi't Rummelpottlopen. En Leser vun dor wusste nich mehr de ganze Text un hett sik freut, dat ik em nu dat Stück toschicken kunn.

Binaams könen en lange Leven hebben un sogor to echte Naams warrn. So is dat bi de Lüüd, de Möller, Schneider, Bäcker, Timmermann oder Bauer heten. Uk Ortsnaams sind Stammnaams wurrn: Kiel, Lüneburg, Duderstadt.

De Binaam vun unse Familie, „Lück", is nich to en Stammnaam wurrn, aver taach is de Binaam liekers ween. De Lück weer fröher en lütte Buersteed twischen Sillerup un Oxlund. Mien Grootvadder Peter Siegfriedt ut Husum hett 1891 de Steed köfft un is dor wiss vun Anfang an „Peter Lück" ween. Jedenfalls weren mien Vadder un mien Unkel Hans, de de Besitz deelt harrn, blots ünner de Naam „Lück" bekannt. Uk ik bin mitünner noch „Annemarie Lück". Dat ik al siet över 50 Johr nich mehr in de Lück leven do, hett dor nix an ännert.

Noch mehr wunnern kann man sik över disse Geschicht: De, de 1891 de Buersteed in'e Lück an mien Grootvadder verköfft hett, hete Petersen. He is dormals mit sien Familie na en niee Buersteed in Linnau flüttet. Bi de Familie Petersen hett sik de Binaam „Lück" genau as bi uns bit in unse Daag holen. Na över 120 Johr un dree Generations later sind de Nakamen vun de Petersens immer noch bekannter ünner de Naam „Lück" as ünner „Petersen". Man in unse Generation leven de Nakamen vun de Siegfriedts un de Petersens wietlöftig verstreut.

Dormit geiht dat in beide Familien toenns mit de Binaam „Lück". Aver uk annerswo sind dat slechte Tieden för Bi- un Ökelnaams. De Menschen op't Land kennen sik knapp noch. Se weten immer weniger vun enanner, un se snacken nich mehr veel över enanner. Sodennig spelen de Egenoorten vun enkelte Lüüd nich mehr so'n grote Rull.

Noch en Naklapp to Anreed un Naams

Tominnst in een Familie hett sik de ooldaagsche Anreed in de dritte Person bit in unse Daag holen. „Zu der Anrede in der 3. Person kann ich Folgendes ergänzen: Ich bin auf Föhr in der friesischen und plattdeutschen Sprache aufgewachsen. Ich habe meine Eltern und die ganze Großelterngeneration bis zu ihrem Ableben nie geduzt. Die letzte Person, die ich in der dritten Person angesprochen habe, ist vor zwei Jahren gestorben. Ich selber bin Jahrgang 1939."

Ganz veel heff ik noch nalevert kregen to dat Kapitel Ökelnaams. Mitünner weten de Lüüd na en Reeg vun Generations selvst nich mehr recht, wat de ole Ökelnaams in siss Familie bedüüdt hebben. Mien Mudder hett vun dree Mannslüüd ut unse wietlöftige Familie vertellt: Klaus Kusch, Klaus Jule un Klaus Puut, de all en „richtige" Naam mit -sen an't Enn hatt hebben.

An de Binaam „Kusch" bin ik vör wecke Johren mal wedder to denken wurrn. Dormals ging dat in'e Narichten veel um de Justizsenator Roger Kusch in Hamburg, de Lüüd bi't Dootblieven „helpen" wull. Jüst to de Tiet harr ik tofällig leest, dat en „echte Kusch" ut mien Mudder ehr Dörp vör mehr as hunnert Johren na Hamburg trucken is.

To Klaus Jule heff ik blots de Idee, dat he de Vörnaam vun sien Fru mit dorto kregen hett. Dat wurr fröher geern mal maakt. Klaus Puut hett sien Naam wiss nich as Putenzüchter kregen. „Puten" heten dormals noch Kalekuten. Wenn Klaus Puut man nich to unpassen Tieden een fohren laten (putet) hett.

Över Ökelnaams in ehr Familie nadacht hett uk disse Fru: In Garding, meinem Heimatort, hieß mein Vater „Hanne Propst". Er war der Einzige aus der großen Familie, der nach der Pensionierung meines Großvaters (Propst von Eiderstedt) in Garding geblieben war. Dann gab es dort noch den Vetter meiner Mutter, der „Hanne Fell" oder „Hanne Plünn" genannt wurde, da er mit Altmaterial handelte (Hasenfelle, alte Kleidung, Alteisen und andere Metalle, Schrott), was heute wieder aktuell ist. Er hat sich damit eine goldene Nase verdient. Dann gab es noch „Otto Löw", der mit der Glocke durch die Straßen zog und wichtige Mitteilungen herausbrüllte. Und es gab die Kaufmannsfamilie Jansen mit Karl Käs, Mimi Bückel, Uwe Sprott und Jan Quark. Der Fischhändler hieß Steffen Bütt. Ich könnte noch lange weitermachen. Alle sind verstorben, aber die Erinnerung lebt, und Sie haben dazu beigetragen, dass mir und anderen diese und ähnliche Namen wieder eingefallen sind.

Doof: dat Woort, dat jede een kennt

Dat Woort „doof" kennt doch jede een, enerlei ob'n nu platt- oder hoochdüütsch snacken deit. Utstarven ward dat Woort nich so gau. Dat ward uk immer Lüüd geven, de as „doof" betekent warrn. För „doof" in de hoochdüütsche Bedüden stimmt dat, wat ik jüst schreven heff. Dor is de Sinn so veel as „dumm" un „ungeschickt", „dösig" un „tüffelig". Een de nich begrepen hett, wo dat jüst um geiht, de tellt as doof. In de School oder uk eenfach bi't Snacken seggt de Dove wat, wat nich to't Thema oder to de Fraag passen deit. Een, de sik tüffelig anstellt, steiht en beten doof dor. Mit „du bist doof" sluten Kinner bi't Spelen licht mal en anner een ut. Een, de „doof" is, ward geern mal utlacht. De ward „mobbt", heet sowat hüüttodaags. Utwussen Lüüd smieten sik dat „doof" nich so direkt gegensiedig an'e Kopp. Aver mit een, de se för doof holen, wüllen uk de Groten nich so veel to doon hebben.

Gegen „Doofsien" gifft dat nich mal Hülp: „Doof bleibt doof, da helfen keine Pillen" heet dat. Disse Spruch stunn vör en Tietlang mal in en Leserbreef in unse Zeitung. Dormals ging dat um de Medizin, de hüüttodaags vele hyperaktive Kinner verschreven kriegen, weil se in de School nich richtig mitkamen. In de Reklaam dorför ward seggt, dat de Kinner sik mit de Hülp vun disse Tabletten veel beter konzentreren un sodennig beter lehren könen.

In't Plattdüütsche kennen wi dat Woort „doof" uk in de Sinn, de ik jüst beschreven heff. Man in disse Bedüden is dat Woort eerst siet wecke Johrteihnten in unse Spraak. Na mien Geföhl is dat bi uns uk noch nich so ganz richtig tohuus. In unse Achterkopp sitt immer noch de eentliche Bedüden vun „doof", un dat is sweerhörig, taub. Een, de „doof" (sweerhörig) is, mutt je noch lang nich dumm sien. De Mensch kriggt blots nich allens mit, wat seggt ward, un kann deswegen keen passen Antwoort geven. De anner Lüüd menen, dat disse Mensch en beten „doof" in'e Sinn vun dumm is. Sodennig leven vele dove Lüüd böös eensam.

Uk in anner Spraken hebben wi för „taub" Wöör, de mit unse „doof" verwandt sind. In't Englische heet dat „deaf" un in't Schwedische is dat „döv". Uk in disse Spraken is kloor: de, de „deaf" oder „döv" is, kann nich hören.

So as dat de „taube Nuss" gifft, kennen wi uk de „dove Nööt". En dove Nööt is en Nööt ohne Karn. Uk Koorn oder Eier könen doof sien. Doof in disse Sinn bedüüdt unfruchtbor. In'e Avergloov speelt de „Duffnööt" en Rull as slechte Vörteken: Wenn man en dove Nööt finnt, denn bedüüdt dat, dat bald en grote Malör passeert.

Gaadlich doof

För dat Woort doof in'e Sinn vun sweerhörig is mi letzt noch dat ole Woort harthörig infullen. Bi beide Wöör fraagt man sik, wat hebben „sweer" oder „hart" eentlich mit hören to doon. Dat ene Woort betekent dat Gewicht un dat anner de Konsistenz vun en Saak. Aver tosamen mit „hören" warrn beide Wöör in en överdragen Sinn bruukt. „Schwerhörig" seggen wi uk op Hoochdüütsch. Bi „schwer" denken wi dor an „schwierig" un „Schwie-

rigkeiten bi't Hören" un an dat ooltmoodsche „schwer-
lich" in'e Sinn vun „kaum".

Bi „harthörig" kummt mi dat englische Woort „hard-
ly" in'e Sinn. Hardly heet op Düütsch hart un streng aver
uk mühsam, kaum un schwerlich. Wenn Fachlüüd för
Spraken menen, dat mien Gedanken an disse Steed en be-
ten to flott lopen sind, denn laat ik mi geern belehren.

Nu aver to dat, wat in'e Överschrift steiht: „gaadlich
doof". Dat Woort „gaadlich" harr ik bitto noch nie höört.
Dat hett mi en Fru ut Angeln nöömt, un se hett mi dat uk
glieks verkloort: Een, de gaadlich doof is, höört blots dat,
wat'n hören wüll. Dat kann dörchut uk wat sien, wat'n
eentlich gor nich hören sall. Eens mutt ik allerdings noch
dorto seggen: De Angeliterin sä nich gaadlich, as dat
Woort schreven ward. Se sä so'n Mitteldings twischen
„chaadlich" un „choodlich", natürlich mit'n düütliche
„ch" an'e Anfang.

Hier baven bi uns hett „gaadlich" sik wohl blots noch
in Angeln holen. All Lüüd vun'e Geest un ut Nordfrees-
land, de ik dorna fraagt heff, harrn dat Woort, genau as ik,
noch nie höört. Aver to Mensing sien Tieden (in'e 1920er-
Johren) is gaadlich wohl noch meist överall in't Land be-
kannt ween. Gaadlich bedüüdt dorna: passlich, nich to
groot un nich to lütt, täämlich gut, ansehnlich. As Bispil-
len warrn in dat „Schleswig-Holsteinische Wörterbook"
nöömt: en gaadlichen Ossen = ein mittelgroßer Ochse,
en gaadliche Deern = ein ziemlich herangewachsenes
Mädchen. Dat is avers en gaadlichen Jung = „gut entwi-
ckelt".

As Bedüden vun gaadlich ward uk angeven: passend,
bequem. Dorto ward disse spaßige Snack ut Angeln an-

föhrt: „Dat is mal gaadlich mit'n Göötlock in'e Köök un'n Döör in't Huus, denn bruukt man ni in to de Schosteen." De Satz wurr fröher seggt, wenn een sik in't Huus wat inricht't oder toleggt harr, wat besünners bequem sien sull. Twischen de Regen kann man bi disse Satz lesen, dat dat, wat de anner sik toleggt hett, eentlich nich nödig dä oder uk as en beten överspöönsch ansehn wurr.

Mehr över doof

Op mien Stücken in de Zeitung krieg ik je immer allerhand Antwoorten un Anregens vun de Lesers. Besünners ieverig weren de Plattdüütschfrünnen bi dat Woort „doof" un wat dormit tosamen hangen deit. Dorför kumm ik vundaag noch mal dorop torüch.

En Leser vun Nordstrand hett mi schreven, dat dor uk af un an dat Woort gaadlich bruukt ward. Vun „gaadlich doof", as de Angeliters dat geern seggen, hett he aver nix vertellt. Op Nordstrand is en gaadliche Saak „jüst topass, angenehm, bruukbor".

To dat Woort „doof" weet deselve Leser to seggen, dat dat op Nordstrand uk denn bruukt ward, wenn een keen Geföhl in Arms oder Beens („Bene" op Nordstrand) hett. Dat entsprickt dat hoochdüütsche „taubes Geföhl" oder „Taubheitsgefühl". För dat hoochdüütsche „betäu-

ben" gifft dat, sowiet ik weet, keen plattdüütsche Woort. Aver in't Schwedische kummt dat Woort as „att döva" wedder vör'n Dag.

Denn schrifft de dore Leser noch wat ganz Intressantes: „De Tiden vun de Nordsee, de över dat eerste oder dat letzte Veertel vun de Maand fallen, de Nipptiden, de nöömt man hier dove Tiden. Dat heet, dor sitt keen Gang in Ebb un Floot (flache Floot)."

En feine lütte Geschicht to „harthörig" schreev de pensioneerte Paster Miether ut Husum: „De ole Paster Karl Hansen, de sien ganze Deensttiet an de Niee Kark op Pellworm weer un as ole Mann bi uns in`t Kloster (Gasthaus zum Ritter St. Jürgen, en Heim för öllere Minschen) leevt hett (103 Johr wurr he oolt), schnacke jümmers dorvun, dat he harthöri weer. As unse Söhn noch vör dat Examen sien erste Predigt heel (hölle op anglitsch), dor sä Paster Hansen to mi: ‚Ik heff nix verstahn, overs ik weer jo dorbi.' Dat weer em wichti. Dor denk ik öft an, wenn ik en Predigt höör, de ik nich ‚verstah', un ok as Troost för mi, wenn annere Lüüd mit mien Predigt nix anfangen könen: Ik weer jo dorbi, un mien Tohörers weren ok dorbi un hebben bääd un sungen un sodenni wat vun de Goddesdeenst hatt. Wenigstens hoff ik dat", seggt Paster Miether.

Denn bin ik noch henwiest wurrn op de „dove Pott" un de „dove Ammer". Dat is en Pott oder en Ammer mit en Deckel dorto. Dor keem de Asch in, wenn en Füersteed reinmaakt wur. De Deckel weer dorto dor, dat dor keen Luft mehr an de Glootresten mank de Asch rankamen un sodennig Füer in'e Gang sett warrn kunn. An de Mülltunnen stunn fröher je uk: „Keine heiße Asche einfüllen!" Deswegen keem de „frische" Asch eerst mal in de dove Pott.

23

Dröög un natt

Tominnst de Buern sind mit dröög oder natt, so as dat jüst is, öft nich tofreden. Entweder is dat düchtig dröög oder dat is nich dröög noog. Genauso is dat mit dat Gegendeel vun dröög, mit „natt". Dat is „orrig natt" oder „dat schull geern mal örntlich wat regen."

Uk de hoochdüütsche Buern hebben en Spruch för de Tiet, wenn de junge Planten wassen süllen: „Mai kühl und nass füllt dem Bauern Scheun' und Fass." De Urlauber hett dat in deselve Tiet je lever dröög, warm un sonnig. Wi möten dat Wedder so nehmen as't kummt.

Aver wi könen uns nu beter helpen as fröher: Wi selvst kriegen dank Regenschirm, Regenmantel un Gummisteveln nich mehr so öft en „natte Fell". Wenn't in'e Vörsommer to dröög is, könen de Buern nootwies Water ut de Deepde vun'e Eerd hoochpumpen un dat över de Feller sprütten.

Dörch de Silagetechnik för Gras hett dat nich mehr so'n grote Noot mit dat Dröögwedder in'e Heutiet. Slimm weer dat fröher, as noch all dat Gras to Heu maakt warrn sull. Wenn dat in'e Heutiet immer wedder regen dä, döchte dat Heu an't Enn nich mehr veel. Is dat Heu, wenn't op de Heuböön kummt, nich örntlich dröög, denn kann dat in'e Breem kamen, anfangen to glösen un dat ganze Gebüde mit in Brand setten.

Koorn, dat bi't Inlagern nich dröög noog is, ward licht muchelig un verdarvt. Deswegen mutt Koorn öft eerst mal in en Drööganlaag. Allens, wat wi vundaag maken könen gegen to veel Droögde oder Natten, kost en Masse Energie un kann sodennig unklook düer warrn. Hier bi uns is dat al sweer noog, mit Natur un Wedder torecht to kamen. Wi Menschen könen nich allens mööglich maken, wat wi villicht geern wullen. Denn denk blots an all de grote Wüsten un dat dröge Land dor butenum un an all dat siede, natte Land op de Eerd!

An't Enn nu noch en poor Snacks mit „dröög": „He sitt dor hooch un dröög" heet „Er hat seine Schäfchen im Trocknen". „Wat de leve Gott natt maakt hett, dat maakt he uk wedder dröög" is datselve as „Auf Regen folgt Sonnenschein."

„Mi is de Kehl so dröög, dor kann een op Strümpsocken dallopen un kriggt keen natte Fööt." Dat seggt een, de orrig dörstig is. Wenn he/se denn wat to drinken kregen hett, denn seggt de villicht: „Dat keem aver en dröge Steed hen." „Dat geev nich Natt un nich Dröög" bedüüdt, dat wi nix to eten un uk nix to drinken anbaden kregen.

„Dröög" gifft dat uk noch in en överdragen Sinn: Ünnerricht in'e School oder uk en Book kann dröög (langwielig, nich spannend) sien.

Dreeg un sleu

Wat dat korte Woort „dreeg" bedüüdt, lett sik nich so eenfach verkloren, un mit dat Gegendeel dorvun, mit „sleu", is dat genauso. Is en Saak dreeg, hebben wi lang gut (oder uk böös) dorvun. Wenn en Saak sleu is, denn is dor keen Verslag in. Wat to eten kann dreeg oder sleu sien. Ole Broot is dreger as frisch backte Broot. Op Stücken vun ole, dröge Broot kann een lang umbi kauen un föhlt

sik denn noch stunnenlang achterna gut satt. Aver wenn Broot frisch is, denn is dat noch sleu: Stickt uns de feine Geruch vun frische, warme Broot in'e Nääs, fallen wi leevst glieks doröver her.

Wer en grote Familie satt kriegen sall, de köfft beter Broot vun de Dag vörher. Dor spoort man glieks tweemal: Dat ole Broot gifft dat för weniger Geld to kopen, un dat höllt länger vör.

Uk Suppen könen verscheden sien. En dünne Watersupp is sleu. De ward gau vertehrt, un bald dorna is de Mensch, de'n hatt hett, al wedder hungerig. Sall de Supp länger vörholen, mutt dor wat Fastes rin: Vun Kartüffeln, Gemüüs, Grütt, Fleesch oder Speck ward en Supp orrig wat dreger.

Uk Arbeit is mitünner düchtig dreeg! Dat heet, de Arbeit is sweer un geiht nich recht vun'e Hand. Wer fröher mal in'e pralle Sunn oder in Snaulregen Röven hackt hett, weet, wovun ik snacken do: Dat weren drege lange Regen vun een Enn vun'e Koppel bit na't anner. En drege Stück Arbeit harr man uk vör sik, wenn en grote Hupen Kartüffeln vun Hand sorteert warrn sull.

Wenn't um Arbeit geiht, ward dat Woort „sleu" anners bruukt as ik dat even wiest heff. Bi de Arbeit is de Mensch sleu (un nich de Arbeit). Dat heet, he/se bringt de Arbeit gau achter sik. Dorbi nimmt'n dat nich so genau: „Se is'n beten sleu bi't Reinmaken." „Se hett ehr Tüüch man wat sleu tosamenrempt." „Bi sien Schoolarbeiten weer he immer en beten sleu."

Traach

„Traach" kann twee Bedüdens hebben. En Umstand („dat") kann traach sien: „Dat is traach för ehr, dat keen vun ehr Kinner ehr helpen deit. Dat is traach för unse blinde Nachbor, dat he nu uk nich mehr örntlich hören kann." In disse Sinn liggt „traach" so'n beten twischen „trurig" un „tragisch".

De anner Bedüden: en Mensch is traach (bi irgendwat): „He kunn je gut unse Rasen meihen. Aver dor is he en beten traach bi." „Se is traach bi ehr Schoolarbeiten." „He is böös traach bi't Afbetahlen", seggt man, wenn een Geld lehnt hett un dat nich so gau afbetahlt, as dat afmaakt is. In de twete Sinn vun „traach" kann man hoochdüütsch gut „träge" seggen.

Dat Dörp

Bi mien letzte Stück in'e Zeitung heff ik mit dreeg, sleu un traach dree Wöör tofaten kregen, de en ganzdeels Lesers tominnst nich all dree kennen dään. Sodennig sind mal en poor feine ole Wöör wedder „opwarmt" wurrn. Vundaag kummt en Woort an'e Reeg, dat I ganz bestimmt all kennen doon. Dat Woort „Dörp" is al ganz oolt un ward immer noch veel bruukt. Bi männicheen vun uns lööst dat Woort Gedanken ut an Kinnertiet, Tohuus un villicht en beten an hele Welt. Dat Bild vun en Dörp, dat wi in uns hebben, is bi de meisten en Bild ut de veerdiger/föffdiger Johren. Man wohr is dat dore Bild hüüttodaags al lang nich mehr. Denn in'e letzte sösstig Johren hett sik in unse Dörper ganz veel verännert, wiet mehr as in hunnerten vun Johren vörher. Dormit hett sik uk unklook veel an unse Arbeits-, Wohn- un Levensformen ännert. Wi Ölleren hebben de Verännerungs vun Anfang an mitbeleevt. Aver wi sind meist gor nich so gau mitkamen mit all dat, wat in de Tiet passeren dä. Na all dat Fremde un Niee, wat wi in de korte Tiet sehen hebben, fragen wi uns, wo dat in'e Tokunft henlopen sall mit uns un mit de Welt rund um uns.

Siedlungs, de man al harr Dörper nömen kunnt, gifft dat siet de Jungsteentiet. Över Dusenden vun Johren un vör allen in de letzte Johrhunnerten hebben sik de Siedlungs mit de Levens- un Arbeitswies vun de Bewohners so sinnig to dat entwickelt, wat wi Ölleren noch kennen lehrt hebben as Dörp mit allens, wat dorto hören dä. Wat bedüüdt dat Woort Dörp eentlich? Jede vun uns kennt vele Dörper. Aver wenn een genau seggen sall, wat en Dörp is, denn geiht dat Stottern los. To'n enen weet man nich so genau, wat dat Woort beseggt hett to Tieden, as dat noch „richtige Dörper" geev. To'n annern, wie süht en Ortschaft ut, de wi vundaag noch „Dörp" nömen könen?

Bi so'n Fraag na en Definition helpt öft dat Internet. Dor steiht, dat in Bayern 1950 jede Ansiedlung mit mehr as teihn Wohngebüden, de keen Stadt is, as Dörp gellt. För gewöhnlich weer bit to de Gebietsreformen in de 1970er- bit 1990er- Johren en Dörp en politische Eenheit mit Ortsvörsteher, Dorfschulze, Buervogt, oder as bi uns, Börgermeister. Meist leevte de gröttste Deel vun de Dörpslüüd vun Landwirtschaft. Dat gifft verschedene Dörpsarchitekturen: Haufendörfer, Straßendörfer, Reihendörfer. In Stratendörper stahn de Hüser op beide Sieden langs de Dörchgangsstraat. Reihendörper liggen öft an't Water (Fluss, See). Dor sind de Hüser blots op een Siet vun'e Straat.

Leven in't Dörp

Vundaag wüll ik vertellen, wodennig unse Dörper in mien Kinnertiet bit in de fofftiger Johren utsehgen. De gröttste Ünnerscheed to hüüt: Bi Dag weer dormals örntlich Leven in't Dörp, un bi Nacht weer dat ruhig un pickendüüster. Dat Dörpsbild wurr bestimmt vun Buernbedrieven. Wenn nich jüst Feldarbeit anseggt weer, wo de ganze Familie un Knechten un Deerns mitmaakten, denn weren buten um't Huus överall Lüüd to sehen: De Fruunslüüd woogten in'e Hoff mank Blomen, Büsche, Gemüüs un Petersill un Suppenkruut. Wenn de Mannslüüd nich in'e Stall oder op't Feld weren, denn harrn se siss Arbeit in'e Loh un op'e Hoffplatz. De grote Lohpoort stunn de meiste Dag op. Bi't Heu- un Koorninfohren kemen de vulle Wagens to Afladen in'e Loh, un in'e Winter weer örntlich Bedriev bi't Döschen. Denn kemen noch all de freche, hungerige Spatzen dorto.

Op'e Hoffplatz weer dat ganze Johr wat los: Peerde vör- un afspannen, klütern an Wagens un Gerätschaften, sliepen op'e Sliepsteen, Leh hooren, Tau dreihen, Holt hauen, Swienslachten. An'e Waschdag un bi't Pingstreinmaken harrn de Fruuns dor dat Seggen. För Kinner geev dat op so'n Hoffplatz natürlich immer en Masse to sehen, to beleven un to helpen. An'e Sünnavendnamiddag wurr de Hoffplatz fein reinmaakt un harkt, leevst noch mit Zick-Zack-Muster.

En gude Steed to verpuusten vun de Arbeit weren de „Melkböcke". Wecke Steden heten de uk „Melkdischen". Eentlich weren de för de Melkkannen. De Kannen wurrn jede Morrn mit de Melkwaag na de Meierie bröcht. För wecke Mannslüüd weren de Melkböcke sotoseggen „Altenbegegnungsstätte". Se seten dor Dag för Dag vele Stunnen lang, vertellten sik wat un harrn dat ganze Leven vun't Dörp in't Oog.

Veel Leven un veel Snack weer uk bi de Meierie un de Möhl un bi de Handwarksbedrieven: de Smitt, de Stellmaker, de Sattler, de Discher un de Schooster. Ja, un denn de Hökerladen! Wat kunn man all sehen un rüken un kopen in so'n Laden op't Dörp. För mien Geföhl kummt dor en moderne grote Supermarkt nich mit. Wenn een allerhand hannelt harr, denn geev dat för de Kinner en lütte spitze Tuut mit Bontschers „op to".

Dormals weer de ganze Dag Leven in't Dörp. Wer wull, funn immer een to snacken. De meiste Dörpslüüd harrn siss „Dörpsteden", wo se, anners as hüüt, ohne „telefonische Anmeldung" eenfach mal hengingen. Nootfalls maakte man sik – dörchut uk mehrmals op'e Dag – en Warf to'n Inkopen. Denn keen Steed kunn man beter dat Nieeste to weten kriegen un doröver sludern as bi de Höker.

Mehr vun't Leven in't Dörp

„Oh, wie schöööön weer dat domals!" Dat hett mi mien Nachborin letzt Friedag op de Zeitungskant sietsbi dat Stück vun dat „Leven in't Dörp" schreven. Ehr hett dat gahn as vele anner Lesers uk. Feine Biller ut de Kinnertiet sind wedder na baven kamen. „Wi hebben uns doch as Kinner un junge Lüüd immer an de Melkbock drapen" heff ik mehrmals to hören kregen. Veel Leven weer dormals uk op de Achterhoffplatz. Dor wurrn de Melkkannen un Ammers wuschen, un denn kemen se op dat Kannenrick. För't Överige weer de Achterhoffplatz dat Revier vun de lütte Tieren. Katt un Hund harrn dor siss Stammplatz. De Katt leeg stunnenlang tofreden in'e Sunn. Oprohr keem mitünner vun'e Göös. To dat sommerliche Bild vun de Achterhoffplatz höö't för mi un vele annern dat Kükenrick. Dor verbröchte de Kluck de eerste Wuchen mit ehr Flock Kükens. En Kükenrick weer buut as en Dack. Dat harr en Gerüst ut smalle Bräder un Holtstangen un weer bespannt mit fiene Maschendraht (Höhnerwier). Sodennig kunnen de Kükens nich weglopen, un se weren schützt gegen Raubvageln.

En Leserin ut Eiderstedt nöömt so'n Rick „Flütthock". Dat Flütthock wurr uk för Kaninken bruukt. „Flütten" bedüüdt umtrecken. Mit dat Flütthock kunnen to'n Bispill de Kaninken jede Dag en niee Grasplatz todeelt kriegen. De Höhner lepen frie op'e Hoffplatz rum. Se kleiten de ganze Dag op'e Mistpahl, in'e Sand oder op'e Toft in't Gras.

All dat Schöne is in unse Kopp hangen bleven. Dor denken wi am leevsten an. Aver so is dat Bild vun't Leven op't Dörp nich vullstännig. Dat, wat hüüt op de Söök na de hele Welt vun fröher as romantisch ansehen ward, weer bi uns Realität: Elektrische Licht geev dat bi uns noch nich. Dat hebben wie eerst kregen, as ik söss Johr

31

oolt weer. Bit dorhen hebben wi Kinner in'e Schummeravend öft bettelt, dat de Petroleumslamp endlich anmaakt warrn durf. Un koolt weer't in't Huus! Blots in'e Köök weer't wat warm vun de Torfheerd. In'e Stuuv wurr eerst gegen Avend Füer anbött. De Betten weren de ganze Winter över koolt un klamm. Velen fallt uk as Eerstes de Tantemeier in, irgendwo achter en Stall- oder Schüüneck. Tochen dä dat dor immer.

Un denn denk an de Weg tofoots to School bi Wind un Wedder ohne Regentüüch un waterdichte Foottüüch! Wi wussten genau, wo wiet dat weer vun een „Schuulboom" bit to de neegste.

Man de Biller vun all dat nich so Schöne warrn gau wedder torüüchschaven bi de Gedanke an örntlich veel Snee in'e Winter. Denn keem de Dörpsgemeenschaft so richtig in'e Gang bi't Sneeschüffeln. Dor weren tominnst de Mannslüüd un de grote Jungs all mit bi. In'e School geev dat denn mitünner sneefrie.

De Dörpsschool

„En Kind groot to trecken, dor ward dat ganze Dörp to bruukt." Dat is en afrikanische Sprichwoort. Uk bi uns lehrten Kinner op't Dörp vun lütt af an veel för dat praktische Leven. En richtige Dörpsjung weer in't ganze Dörp tohuus, bi Buern oder Handwarkers un in'e friee Natur. De Deerns helen sik mehr an Familie un Nachborschaft. Wecken weren mit söss Johr al so'n richtige „Muddervernünftig".

Hoochdüütsch snacken kunnen de Kinner lang nich all, wenn se to School kemen. Aver de Jungs un Deerns harrn sik in de lütte Dörpswelt rund umbi en Masse Delen afluert. Se weren stolt op dat, wat se al kunnen un wat man se totruen dä. Dat hett sicher dorbi hulpen, dat en Lehrer in en eenklassige School all de Kinner vun't eerste bit to't negente Schooljohr opmal in een Ruum bännigen un ünnerrichten kunn. Sowat ging blots mit Disziplin un, wenn düchtige Schoolkinner uk mal „de Lehrer hulpen" un de Schoolarbeiten vun de Kinner nakeken, de nich so fix weren.

Weer dat Dörp wat grötter, denn geev dat dor meist en School mit twee Klassenrüme, een för de „lütte" un een för de „grote School". In de lütte School bleven de Kinner in'e eerste veer Schooljohren. In de grote School wurrn de Kinner vun't föffte bit to't negente Schooljohr ünnerrichtet. Velen vun uns hebben uk noch de Schichtünnerricht, mal vörmiddags un mal namiddags, mitbeleevt. Denn in'e Flüchtlingstiet passten lang nich all de Kinner to glieke Tiet in'e Klassenrüme. De meiste Lehrers hebben de Kinner mit Insatz un Geduld veel bibröcht. Dorbi wurr allerdings uk mitünner mal de Stock nich blots androht.

Meist all de Dörpskinner bleven bit to't Enn vun de Schooltiet, bit to de Konfirmation, in'e Dörpsschool. To Stadt to School kemen man ganz enkelten. Uk wenn de Ümstänne ut de Sicht vun hüüt nich so gut weren, kunnen Dörpskinner tohuus un in'e School veel för't Leven lehren.

En Höhepunkt vun't Schooljohr weer dat Kinnerfest. De Avend vör't Fest weren de Wettspelen. Dor ging dat dorum, wer vun jede Schooljohr „König" un „Königin" wurr. De neegste Dag föhrten de Musikers un „Königs" un „Königins", jede mit'n Schärp um, de Umtog dörch't Dörp an. Twee un twee tosamen lepen de anner Kinner ünner Blomenbügeln achterna. De feine Geruch vun de

Blomen stickt mi noch hüüt in'e Nääs. Na de Umtog geev dat in de Dörpskroog Koken un Brause för de Kinner. Achterna weer Kinnerdanz, un avends ging dat Fest as Dörpsfest för de Groten wieder. De Schoolmeister wohnte mit sien Familie in't Dörp, meist in en Deel vun't Schoolgebüde. De Lehrer wurr vun de Dörpslüüd as wat Besünneres ansehen: He weer en Respektsperson un snacke Hoochdüütsch, aver „richtig arbeiden" dä he na de Ansicht vun vele Dörpslüüd je eentlich nich. Dat de Lehrers uk sunst noch allerhand för de Kultur in de Dörper (Sportvereen, Chronik) dään, dat verstunn sik vun selvst.

Dat Butendörp

„Över de Lüüd vun't Feld wullen wi doch uk geern wat in'e Zeitung lesen", sä letzt en öllere Mann to mi. He, en pensioneerte Schoolmeister, is butendörps opwussen. „Uns lütte Lüüd vun't Feld tellten se je fröher in't Dörp nich so recht wat op. Wat weer dat uk al groot mit uns vun de poor Katensteden un kümmerliche Kolonistensiedlungs?"

De dore „Schubbs" keem mi jüst gut topass. Denn ik, selvst uk Butendörpskind, harr al en poormal ansett, wat över dat Kapitel to schrieven. Aver ik weer dor nich so richtig mit togangs kamen.

De Ünnerscheden twischen Dörp un Feldmark recken al ganz wiet torüch. Dörper sind immer dor entstahn, wo in de Region dat beste Land weer. Dat gude

Land dicht bi't Dörp hebben de Dörpsbuern ünner sik opdeelt.

Wieder buten twischen de Dörper weer öft Unland, morastige Wischen oder dröge Sandknasten oder Moor un Heide. Bevör dor överhaupt een op leven kunn, musste so'n Land kultiveert warrn. Wecke Katenlüüd hebben sik selvst en Stück Land torechtmaakt un wiet vun allens af sünig vör sik hen leevt.

Vör 250 Johren hett dat bi uns vun de däänsche König ut en grote staatliche Kultiverungs- un Besiedlungsprogramm för dat Ödland geven. Dormals wurrn Lüüd ut Süüddüütschland na de Noorden vun Schleswig-Holsteen un na Dänemark lockt, dat se de Heide- un Moorgebieten kultiveren un dor siedeln dään. Siedlungs as Christiansholm, Friedrichsholm, Sophienhamm un Friedrichsheide tügen mit Naams ut dat däänsche Königshuus vun de Heide- un Moorkolonisation in de Johren 1761 bit 1765. Uk allens, wo dat Woort „Kolonie" bi opduukt, stammt ut disse Tiet. Nömen wüll ik hier blots Handewitt-Kolonie un Kolonistenkroog.

Denn sind in de 1930er-Johren noch mal allerhand Heide- un Moorflächen kultiveert wurrn, to'n Bispill för de söss Buernsiedlungs in Haselundsiek.

Ja, op't Feld wohnten nich graad de rieke Lüüd. Dorto keem, dat se lang immer noch de „Fremden" weren. Bi de eerste Kolonisten hett dat wiss 100 Johr un mehr duert, bit se so enigermaten „dorto hören" dään.

De Lüüd vun't Butendörp speelten för dat Dörpsleven nich so'n grote Rull. Dat kunn aver uk vun Vördeel sien: In'e Nazitiet un in'e Nakriegstiet wurrn de Lüüd vun't Feld meist enigermaten in Ruh laten.

Butendörps opwassen midden in'e Natur weer wunnerschöön, uk wenn de Schoolweg wiet weer un dat nich so dull weer mit de Kontakt to de Dörpskinner. Dor weren wi beide ole Butendörpers, de pensioneerte Schoolmeister un ik, uns bi't Snacken ganz enig in.

Wat is beter, Stadt oder Land?

„De Artikel in'e Seidung vun hüt hett mi gefulln", schreev mi de pensioneerte Schoolmeister Hans Carstensen, de sik mal en Stück över de Lüüd vun't Butendörp wünscht harr. Bi sien Schrieven wiest he sik glieks as „echte" Plattdüütsche. Denn wi kennen keen harte Bookstaven as „z", „t" un „ck". In'e Steed vun en „Z" an'e Anfang vun en Woort bruken wi en scharpe „S", un en „t" in't Woort ward as weke „d" utspraken: Wi lesen in'e Sseidung. Ähnlich is dat uk bi Zucker. Wi Plattdüütschen eten Ssugger. Smöökt warrn Ssigaredden oder Ssigarrn.

Na disse Utflug to de Spraak geiht dat wedder torüch to dat Thema vun de E-Mail, to dat „Gefälle" in't Ansehen vun de Lüüd vun Stadt un Land, Dörp un Feld. Hans Carstensen schrifft: „Stadtlüd keken fröher so'n beten minnachtig up Dörpslüd daal. Dat ännere sik in'e Hamstertied vun 1945 an. Hunger siegde över Vörurdeele. Hüttodaags is Levn up'e Land jo gans grot in'e Moo.

Männiche Dörpslüd keken fröher wat minnachtig up de, de up'e Feld wahnten. Dat wern to Anfang jo uk man arme Kaatenlüd un Kolonisten. Dat gev sik wat, as wegge Kaatensteden to gröttere Buernsteden anwussen un ers recht, as enkelte ‚grote Buern' in'e Programm Nord in'e Feldmark utsiedelten.

As ik in'e 1930er-Johrn in Nordhackstedt to Schol gung, hebbn wi öft bi Wettspeeln Dörp gegen Feld speelt. Wi Feldjungs kunnen uns enigermaaten gegen de vun'e Dörp stahn.

Dat Bild vun't Land hett sik siet mien Kinnertiet so dull ännert, dat vele Steden överhaupt nich wedder to kennen sind."

To dat, wat Hans Carstensen in sien Mail schreven hett, passt uk disse Snack: „Wenn de oder de mal wedder hoochkieken würr, de würr sien egen Huus nich wedderfinnen." Dat ward öftmals seggt, wenn man vun fröhere Tieden un vun Lüüd to snacken kummt, de in de föfftiger Johren oder fröher storven sind. Landschaft, Dörper, dat Leven op't Land un de Menschen, de dor leven, sind ganz anners wurrn, as se to unse Kinnertiet weren. Dat fraagt sik, ob de Lüüd, de hüüttodaags vun'e Stadt op't Land trecken wüllen, dor wirklich dat finnen doon, wat se söken. Meist all de Biller, de wi vun't Dörpsleven in'e Kopp hebben, sind överhaalt. Uk nu hebben de Tostänn in Stadt un Land wenig Bestand. Wi möten all oppassen, dat wi mit de Tiet kamen, dat wi so leven könen, as wi wüllen. Dorbi is dat gut, wenn wi selvst de Ogen opmaken, uns nix vörsnacken laten un uns nich blind vun Wunschdröme oder Vörurdelen verföhren laten.

Niee Tiet op't Land

Wo is dat vun kamen, dat dat Land un de Dörper hüüttodaags so anners utsehn doon as to unse Kinnertiet? „Dat maakt de niee Tiet", heet dat. Man de Tiet an sik, de kann nix ännern. Dat sehn wi, wenn wi na Oosteuropa reisen. Dor gifft dat immer noch en Masse verslapene Oortschaften, holperige Wege, grote Flächen, wo dat Land man blots mit eenfache Maschiens oder uk gor nich bearbeidt ward. Vun Intensivlandwirtschaft as bi uns is dor nich veel to sehn. In'e Natur wasst, wuchert un blöht allens, ohne dat en Mensch dat stüern deit. Dor is noch Romantik pur.

Vele Steden op't Land, as Bispill in Litauen, kunn een denken, de Tiet is rüchwarts lopen. Hier un dor steiht op friee Feld en enkelte Koh in Tüder. Ole Lüüd klagen, dat se alleen op't Land torüchblieven. All de Jungen trecken weg to Stadt oder sogor in't Utland. Um de Wirtschaft stunn dat na de Twete Weltkrieg in Europa överall slecht. Wi hebben dat grote Glück hatt, dat bi uns glieks na 1949 Geld los maakt wurr för wirtschaftliche Sanerungsprogramme. Een so'n Programm weer dat „Programm Nord". Dor hebben de nördliche Kreise vun de Landesdeel Schleswig örntlich gut vun hatt. Ganz ut egen Kraft weer unse Land wiss nich so gut wedder op de Been kamen. Mit dat Geld ut dat Programm Nord in'e Achtergrund wurrn Strukturprojekte in'e Gang bröcht un op't Land Arbeitsplätze schafft. Ganz fröh duukte dormals al dat Woort „Landflucht" op. Dor wull man wat gegen doon.

An'e Westküst wurrn de Küstenschutz, de Lübke-Koog un de Hauke-Haien-Koog to'n groten Deel mit Geld ut dat Programm Nord betahlt. Op'e Geest wurr veel Geld för Stratenbu insett. Statt stoffige Grandchausseen mit Slaglöcker un Sandwege mit mahlen Sand geev dat nu Teerstraten. Man keem opmal veel gauer vun Dörp to Dörp.

En ganz wichtige Punkt bi dat Programm Nord weer de „Flurbereinigung". De enkelte Koppeln sullen grötter warrn un sodennig lichter mit Maschiens to bearbeiten sien. Dorto wurrn Knicks mitsamt Böme un Büsche wegreten. Watergröve wurrn verrohrt. Landflächen wurrn ünner de Buern uttuuscht. De Feldwege sullen körter warrn. Leevst sull en Buernbedriev mitten in dat egen Land liggen. Dorför wurrn wecke Bedrieven ut't Dörp utsiedelt in'e Feldmark.

Vele Steden is dat Land nich wedder to kennen, un veel vun de bunte, friee Natur is verswunnen. Dat is wohl de Pries dorför, dat de Menschen bi uns uk op't Land en gude Levensgrundlaag hebben.

Vun 1950 bit nu

„Vele Steden is dat Land nich wedder to kennen, un veel vun de bunte friee Natur is verswunnen." Dat heff ik letzt schreven. För't meiste is dor bi de Verännerungs in de letzte sösstig Johren för unse Land wat Gudes rut kamen. De Dörper sind fein in'e Reeg. Vele Hüser mit Vörgoorn sehn smuck ut. De Straten sind rein un schier, öft noch mit en plaasterte Footstieg as in'e Stadt. Vele Lüüd leven geern op't Land un hebben siss gude Utkamen. Arbeiden doon se allerdings meist nich mehr in't Dörp. Se fohren jede Dag mit egen Auto weg to Arbeit. Denn mit de Buernbedrieven sind uk vele Arbeitsplätze in Landwirtschaft, Handwark un Hannel ut dat Dörp verswunnen.

Nu wüll ik noch en beten dorvun schrieven, wodennig dat mit unse Dörper un Landschaft aflopen is siet mien Kinnertiet. Dat weer nich eenfach för de Lüüd, de dor wirtschaftlich „mittenmank seten" oder de wat afstahn mussten, wo siss Hart siet Generations an hangen dä. Mi persönlich hett dormals besünners weh daan, dat unse „grote Groov", dat weer en lütte Au, verrohrt un todeckt wurr. Vörher weren al en ganze Reeg Böme an'e Au langs afsaagt wurrn. Denn wurr Sand vun'e „Barg" (en lütte Koppel, de een-twee Meter höger weer as de Umgebung) op unse Huuswisch schaven. Dormit weer dat een för alle Mal vörbi mit all de feine Blomen in't Fröhjohr: Sumpfdotterblomen (Botterblomen), Buschwindröschen, Vergissmeinnicht, Wiesenschaumkraut (mit Kuckucksspütt), Baldrian un hunnerten vun „geflecktes Knabenkraut", en Orchideenoort, de, uk do al, ünner strengste Naturschutz steiht.

Vun 1951 bit 1988 wurrn dörch dat „Programm Nord" vele „Strukturmaßnamen" in Gang sett un to'n groten Deel uk finanzeert. Man lang nich allens dreep op de Begeisterung vun de Lüüd, de, as dat heten dä, gut dorvun

hebben sullen. Dat Sandwege fastmaakt wurrn un en Teerschicht bavenop kregen, dat weer je wunnerbor. Aver wenn gröttere Straten, so as de Nordstraat vun Flensburg na Kappeln, nie anleggt wurrn un dormit dat Land vun en Buer opmal deelwies op de anner Stratensiet to liggen keem, denn weer de Deuvel los. In so'n Fälle wurr dörch „Flurbereinigung" un Utsiedeln vun ganze Bedrieve regelt, dat jede Buur möglichst korte Feldwege harr. Aver dorto musste Land uttuuscht warrn, un natürlich meenten en ganzdeels Buern, jüst se kemen dorbi to kort. Noch slimmer weer't för velen, dat se Land afgeven mussten, wo de Familie siet Generations op leevt harr.

Leven op en Buernhoff

Ebenso dull as dat Utsehen vun Dörper un Feldmark hett sik dat däägliche Leven vun de Lüüd op't Land mit de Tiet düchtig verännert. Fröher leevten in vele Buernhüser dree Generations vun en Buernfamilie mitsamt wecke Deensten ünner een Dack. Öft harrn uk noch wecke nich verheiratete Schwestern oder Bröder vun de Buer levenslange Wohnrecht as „Tante oder Unkel bi de Besitz". All hulpen se mit, so gut se kunnen oder jüst sinns weren. All harrn se siss egen Kopp, un all sullen se jede Dag wat to eten hebben.

Disse Levensform ward immer noch vun wecke „kloke" Lüüd as Idealform för dat Tosamenleven vun Jung un

Oolt ansehen. Enkelte Steden mag dat je uk gut gahn hebben. Aver ehrlich, wer mag hüüttodaags noch doran denken, dat man so dicht openanner huken sull? Denk blots an de junge Buersfru, de in so'n Grootfamilie rinheiraten dä! De hett dat sach veelmals nich licht hatt. Se sull, selvst noch ganz jung, en grote Huusstand mit all de Arbeit vörstahn. De Lüüd, wo se dat mit to doon harr, harrn al siet Johrteihnten „Heimrecht". De junge Fru wurr kritisch bekeken un bekakelt vun all de Lüüd in ehr niee Familie un Nachborschaft. Se selvst kunn sik knapp mal mit ehr Mann alleen torüchtrecken un in Ruh wat mit em utsnacken.

Al in de 1950er-Johren wurr dat „Gedrängel" in de Buernhüser wat weniger. Mit günstige Geld ut dat „Programm Nord" kunnen Landarbeiders sik do en lütte Huus buen. Disse Landarbeidersiedlungs („Arme-Düvel-Straat") weren na de Krieg de eerste Niebugebiete in'e Dörper.

Bald verswunnen uk de Deensten so sinnig ut de Buernhüser. Denn wegen de niee Technik in Huusstand un Landwirtschaft wurrn nich mehr so veel Lüüd för Handarbeiden bruukt. Op de anner Siet weer nu in anner Berufe in körtere Arbeitstieden sogor mehr Geld to verdenen as bi de Buern. Uk de Bröder un Swestern vun de Buer maakten sik na un na mit egen Arbeit selvstännig un trucken vun tohuus weg.

Middewiel sind nu de Wohnverhältnissen för Buernfamilien nich anners as för anner Familien uk. Wohnten Opa un Oma fröher noch in't Afnehmsenn vun't Huus, so hebben de wenige Buern, de dat hüüttodaags noch gifft, meist en lütte Stück weg vun'e Besitz en niee Afnehmshuus buut. Dor is wiss wat Wohres an de Snack: Oolt un Jung kamen beter mitenanner ut, wenn een en Jack övertrecken mutt, ehrer man toenanner geiht. Hüüttodaags süht dat in Buernhüser öft ganz anners ut as fröher. Vele Steden gifft dat keen junge Buernfamilie mehr. In de Gebüden is veel mehr Platz as bruukt ward un uk noch passt warrn kann. Dat Problem mit de „utlopen" Buernfamilien hett wiss uk Varder stahn bi dat Thema vun de Fernsehserie: „Bauer sucht Frau".

Un nu?

„Du hest bi dat Stück över dat Leven op en Buernhoff je mittenin opholen. Wodennig süht dat denn hüüttodaags bi de Buernfamilien ut?", froog mi en Fründin, de al vele Johren in'e Grootstadt leevt.

Mit de Henwies op „Bauer sucht Frau" wull ik letzt andüden, dat dat för Buern, wenn se en Familie grünnen wüllen, noch ringer utsüht as in anner Gesellschaftsgruppen. Hüüt leven vele Lüüd, lang nich immer friewillig, as „Singles". Dat sind op Plattdüütsch „Eenspänner". Seggt dat Bild achter dat dore Woort nich veel mehr as „Single"?

Liekers aver leven op't Land de meiste Lüüd in en Familie. Wohnruum, oolt un nie, gifft dat genug. Bi de ehemalige Buernhüser sind deels de Butergebüden mit to't Wohnhuus kamen. Öft hett man mank de Buernhüser noch en ganze Reeg niee Eenfamilienhüser an'e Dörpsstraat langs buut, un immer wedder sind Niebugebiete utleggt wurrn. Keen Wunner, dat een sik bi männicheen

Dörp knapp bikennen kann, wenn een länger nich dor ween is.

Öftmals wohnen de ehemalige Buernfamilien nich mehr selvst in siss ole Buernhüser. Se hebben sik en moderne lüttere Huus buut, dormit se dat in't Öller wat rediger hebben. De ole Hüser warrn geern opköfft vun junge Lüüd, de Platz söken för Kinner un Huustiern. So'n beten romantische Vörstellungs steken wiss uk dorachter. Dat so'n ole Huus un dat Grundstück butenum en Masse Arbeit mit sik bringt, bedenken se bi de Vörfreud op dat friee Leven op't Land wohl nich immer. Männicheen ward na'n Tietlang keef vun all de Arbeit in un um't Huus un vun de vele Autofohrerie, de dat Landleven mit sik bringt. Denn duert dat amenne nich lang, un dor hangt en Schild mit „Zu verkaufen" an'e Hoffpoort.

Hüüt hett meist jede Generation vun en Familie ehr egen Huus un Huusstand. De Oma, de gau mal de Kinner passen kunn, is nich mehr so neeg bi. „Mien beste Tiet heff ik as Kind immer hatt bi Oma", hebben mi mehrere Leserins vertellt. Öfters keem mit Beduern achterna: „Mien egen Kinner kunnen nich man eenfach mal inlopen na Oma."

Dat versteiht sik nu uk in Buernfamilien nich mehr vun selvst, dat Dochter oder Swiegerdochter de Olen tohuus

„toenns bringen" doon. Överall kann de „Pflegedienst" anfordert warrn. Vele Steden op de Dörper gifft dat „Seniorenwohnanlagen" un „Pflegeheime". Buernbedrieven sind nich mehr immer Saak vun de ganze Familie. Vele Buernfruuns hebben en egen Beruf un arbeiden butenhuus. Sodennig gifft dat hüüt Buernhüser, wo de ganze Dag keen Mensch in't Huus is.

Landschaft hüüttodaags

Dat ganze Land süht anners ut as fröher. Mit de Slagwöör „Modernisierung, Mechanisierung un Rationalisierung" keem in de föfftiger Johren dat in'e Gang, wat nu meist nix anners mehr is as landwirtschaftliche Industrie. De Tekens vun dat, wat disse Wöör mit „...sierung" na sik trucken hebben, sehen wi överall in'e Landschaft.

Op lieke, faste Straten sind flotte Autos un schwere landwirtschaftliche „Geschütze" ünnerwegens. Knicks, Waterlösungs un Rickwark twischen de Koppeln hebben wieken musst, dormit dat Land „rationeller" to bearbeiden weer. Ödland is kultiveert wurrn to Nutzland. Dörch all dat wurr de Landschaft vele Steden kahl un eentönig. De Wind kunn orntlich över't Land brusen un op'e Geest Sandwulken vör sik her pusten. Dorför wurrn op magere Landstücken Böme plantet, un hier un dor wurrn Windschutztuuns mit lange Regen vun Dannen oder Büsche anleggt.

Afsehen vun dat, wat för de Landschaft nich so schön weer, hett de Flurbereinigung eerstmal dat bröcht, wat'n sull: mehr Koorn, Kartüffeln, Veehfudder, Melk un Fleesch, un dat mit weniger Arbeitskraft. Aver för de moderne Maschiens un Gebüden wurr en Masse Kapital bruukt. „Wachsen oder weichen", dat weer dat niee Slagwoort, un so sinnig verswunnen meist all de lütte Buerste-

den. Dorför wurrn enkelte Bedrieven mit moderne Stallgebüden un grote Güllebassins mitten in de Landschaft sett. Mit de Tiet wurr op't Land mehr produzeert as aftosetten weer. Bi de „Bodderbargen" un „Melkseen" un grote Mengen an Fleesch un Gemüse hebben Buern deelwies veel Geld tosett. Nu keem vun Brüssel her de „Melkquote" un anner „Prämien" för dat, wat jüst anseggt weer. Dormit duukten niee Probleme op för Buern un för de Landschaft.

Jede Buer mutt tosehn, dat he op sien Land existeren kann. Dordörch ännert sik de Landschaft in de letzte Tiet meist gauer, as een kieken kann. „Erneuerbare Energien" ward ganz groot schreven. Bi uns warrn immer mehr un gröttere Windkraftanlagen opstellt, uk wenn vör wecke Johren noch böös över de „Verspargelung vun de Landschaft" schimpt wurr.

Een Biogasanlaag na de anner „blubbert" ut de Eerd. För de Bedriev ward Mais bruukt, un so ward vele Steden meist blots noch Mais anbuut. So'n Monokultur kann nich gut sien för dat Land un för de Natur. Un wodennig is dat dorbi överhaupt mit de Energiebilanz?

Bi de Sonnenenergie süht dat na en Wettloop mit de Tiet ut: Eerst kemen de Anlagen op't egen Dack, denn op riesige schrege Ebenen op't frie Land un nu warrn binnen Wuchen ganze Koppeln dormit „vull plantet". Wat schall nu wohl noch all kamen?

Bookstaav E: Een un en

Lange Tiet heff ik jede Wuch wat vertellt över dat Leven op't Dörp un op't Land. „Dörp" sall nu eerstmal dat letzte Woort mit „D" sien, wo ik mi hier in'e Zeitung mit befaten do. Vundaag wüll ik anfangen mit Gedanken över plattdüütsche Wöör mit de Bookstaav „E". Intressant sind al glieks de beide lütte Wöör „en" un „een". Beide Wöör bedüden op Hoochdüütsch „ein". Worum schrifft man dat aver mal mit een „e" un mal mit twee? Een steiht för de Tall „eins": „Dor is man blots noch een Stück Kook op'e Teller. De Storch steiht op een Been. Mien Tante hett dree Deerns un een Jung." Enerlei ob dat op Hoochdüütsch eins, ein, eine, einem oder einen heet, bi uns seggen wi immer blots „een". Wieder in'e Süden (um Hamburg rum) heet dat aver „een Mann" un „ene Fru". „Ene" seggen de Lüüd överall dor, wo dat uk för dääglich so heten deit as: „Mine Fru, de Ilsebill, will nich so as ik wohl will." Wenn't nich jüst in'n Märchen is, denn seggen wi hier baven „mien Fru" un „een Fru".

„Een" steiht uk för dat hoochdüütsche „man": „Dat kann een doch nich rüken. Dat mutt een doch seggt kriegen." Hüüttodaags hett sik dat „man" aver uk in't Plattdüütsche insleken. Nich selten höört „man": „Dat kann man doch nich rüken."

„En" mit een „e" is de unbestimmte Artikel: en Mann, en Fru, en Kind. Uk dorbi hebben wi Plattdüütschen dat licht. Ebenso as de Tall „een" is uk de Artikel „en" immer eenst, enerlei ob dat to en männliche, weibliche oder sächliche Woort höört, un uk enerlei, in wat för'n Fall dat Woort graad bruukt ward.

Öft ward statt en oder een blots „'n" seggt un uk schreven: „'n Jung, 'n Auto". Dor mutt een ut de Sinn sehen, ob dat „en" oder „een" heten sall.

Denn gifft dat in't Plattdüütsche noch „en" un „een"

tosamen. Wi seggen geern mal: „Dat is man en ganz lütte een." „Das ist bloß ein ganz kleiner ein" sull een op Hoochdüütsch wiss lever nich seggen. Denn kunn een för en dösige Plattdüütsche een vun't Land holen warrn. Anners as wi könen de Hoochdüütschen ut „klein"oder „plattdeutsch" eenfach en Hauptwoort maken: „…ein ganz Kleiner, ein Plattdeutscher". Wi bruken in so'n Fall immer noch en „een" dorto.

Uk in „enerlei" stickt dat Woort „een". Wecke Steden ward dorför „eendoont" seggt. Dor is noch en „doon" = „tun" mit binnen: „Enerlei, wat du deist, dat ene oder dat anner…"

Ebenso as de Hoochdüütschen tellen wi bi Snacks geern mal: „Een, twee, dree (dat heet „wohlmöglich" oder „glieks") geiht dat los".

Dat „e" in hooch- un plattdüütsche Wöör

Vundaag wüll ik en poor Tricks verraden an de Lüüd, de bi't Plattsnacken mitünner noch na en plattdüütsche Woort söken möten. An de Bookstaav „e" lett sik wiesen, dat een mitünner ganz patent vun een Spraak to de anner wesseln kann.

Veelmals kann man en plattdüütsche Woort finnen, wenn man dat „e" an't Enn vun dat hoochdüütsche Woort weglett: Lampe – Lamp, Tasse – Tass, Ecke – Eck, Treppe – Trepp. Mitünner mutt man denn uk noch en Selbst- oder Mitlaut ännern: Rolle – Rull, Woche – Wuch, Sache – Saak,

Küche – Köök, Ende – Enn. Allermeist kann man ebenso dat „e" an't Enn vun Wöör in'e Mehrtall weglaten: Kühe – Köh, Stühle – Stöhl, Tage – Daag, Schuhe – Schoh.

In de Spraakgeschicht spelen de „Lautverschiebungen", de sik bi't Snacken in'e Loop vun hunnerten vun Johren afspeelt hebben, en grote Rull. Hooch- un Plattdüütsch sind eng mitenanner verwandt, aver de beide Spraken hebben sik nich ganz eenst entwickelt. To dat Thema wüll ik nu en poor Delen wiesen, de uns bi't Plattsnacken helpen könen.

Eerstmal kieken wi uns an, wat in'e Steed vun en „e" in plattdüütsche Wöör an deselve Steed in't Hoochdüütsche stahn kann. Ganz öft is dat „e" in beide Spraken eenst: Ecke – Eck, helfen – helpen, gern – geern, sehen – sehn, Pfeffer – Peper, Pferd – Peerd.

Unse lange „e" is op Hoochdüütsch öftmals en „ei": Teig – Deeg, klein – kleen, Kleid – Kleed, weich – week, Weizen – Weten, Schweiß – Sweet, Leid – Leed.

Dat kann aver uk en „i" oder „ie" sien: wissen – weten, Zwirn – Tweern, Lied – Leed, Sieb – Seev, ihr – ehr, vier – veer, Vieh – Veeh.

Intressant is uk, wat mit dat „e" ut de hoochdüütsche Doppelvokal „ei" passeert: „ei" kann „ei" blieven: Ei – Ei, Arbeit – Arbeit, rein – rein, Reise – Reis, entzwei – intwei.

Veel öfter ward ut dat „ei" aver en „i" oder „ie": bei – bi, sei – si, Blei – Blie, reich – riek, Teich – Diek, sein – sien, mein – mien, frei – frie. Hiermit kunn ik noch lang so biblieven.

Regeln, de vun de „Lautverschiebung" herröhren, gifft dat för all de Bookstaven. De Regeln könen uns wohl helpen. Aver blind dorop verlaten könen wi uns nich. Sunst kann sowat tostann kamen as dat de Plattdüütsche passeert is, de vörnehm Hoochdüütsch snacken wull: „Lass uns man lieber in die Schaule kraupen, es wird wohl gleich eine Flage kommen." Dat sull heten: „Laat uns man lever in'e Schuul krupen. Dor ward wiss glieks en Flaag kamen."

„Au" un „äu" vun Hooch- to Plattdüütsch

„Gifft dat so'n eenfache Regeln, as Se letzt för de Book-
staav „e" in Hooch- un Plattdüütsch wiest hebben, uk för
anner Bookstaven?", bin ik in de letzte Daag mehrmals
fraagt wurrn. Ja, dat deit dat, un dorför wüll ik nu eerst-
mal bi dat Thema blieven un anner Bookstaven in de bei-
de Spraken verglieken.
As ik letzt al sä, stimmen disse Luutregeln nich immer.
Aver öftmals kann man op de Söök na en plattdüütsche
Woort na disse Regeln vun't Hoochdüütsche her en Idee
kriegen, wat en bestimmte Woort op Platt heten kunn.
Hochdüütsch „au": An dat „in die Schaule kraupen"
in mien vörige Stück könen wi sehen, dat dat hoochdüüt-
sche „au" bi uns öft en „u" is (in de Schuul krupen). Uk
bi aus – ut, Haus – Huus, Pflaume – Plumm un braun –
bruun stimmt dat so. Täämlich veel finnen wi anstatt en
„au" aver uk, je na Gegend, en „o" oder „ö": Auge – Oog,
Baum – Boom, laufen – lopen/löpen, glauben –
gloven/glöven, taugen – dögen.
Immer mal wedder anspraken warr ik, weil ik för
„auch" „uk" schrieven do. In anner Gegenden heet dat
„ok" oder sogar „ook". Dorophen heff ik mal in de
„Sass" nakeken. In en öllere Utgaav steiht beides, „uk"
un „ok". Aver in de niee Utgaav steiht tatsächlich blots
noch „ok". Ik bliev ruhig bi mien ole Mood. „Ok"
kummt mi fremd vör. Dat weer fein, wenn mi de een oder
anner Leser sien Ansicht dorto seggen kunn.
Mitünner is dat „au" uk op Plattdüütsch „au": bi de
Farven blau un grau, un bi hauen – hauen un tauen – dau-
en. Wi hebben noch en poor Wöör direkt ut dat Hooch-
düütsche övernahmen: Auktion – Aukschoon. De Monat
August is bi uns uk August oder „Austmaand", de „Ern-
temonat". „Ernte" heet wecke Steden övrigens „Aust".
„Schmausen" doon wi mitünner uk op Plattdüütsch.
Würrn wi na de Luutregeln gahn, denn würrn wi bi

„schmusen" lannen, un dat is denn doch en beten wat anners. Genauso stööt ik mi doran, wenn ener Bruus seggt statt „Brause". Mit „bruus" verbinnen wi Ölleren vun't Land wat ganz anners: Wenn de Söög „bruus" weer, denn musste de Buer los mit'n na de Ever.

Sodennig kann mit de Luutregeln uk mal en unfriewillige Spaaß för de annern tostann kamen. Ik denk noch an de Fru ut de Oosten, de bi de Koopmann ankeem un „Bauchweizengrütze" bestellen dä (Buckwetengrütt).

Nu blifft eentlich blots noch to seggen: Dat „äu" is bi uns en „ü" (Häuser – Hüser/Hüüs un Mäuse – Müüs) oder en „ö" sien: (Käufer – Köper, träumen – drömen).

Anner Vokale vun Hooch- to Plattdüütsch

A, a: Wo ik nu Bookstaven in't Hooch- un Plattdüütsche verglieken do, luern wecken vun Ju wiss op en poor Wöör över de Bookstaav „a". Man dor kann ik gor nich so'n eenfache Regeln to nömen as to „e, ei un au". Dor kann een hööchstens to seggen, dat dat lange „a" bi uns hier in'e Noorden eher so utspraken ward as dat dänische „å", so twischen „a" un „o": Aal, mal, wagen, Laden, Bahn. In'e Westen vun Sleswig-Holsteen un in Hamburg ward de Luud as „o" utspraken. Blots op Fehmarn un um Lübeck rum is dat en klore „a". Dor kamen, gahn un slapen de Lüüd.

Ansonsten steiht för en lange „a" in't Hoochdüütsche mitünner en korte „e" in't Plattdüütsche: haben – hebben, sagen – seggen. Dat korte „a" is in't Plattdüütsche täämlich öft uk en korte „a": an – an, Mann – Mann, fallen – fallen, Harke – Hark, lang – lang. Dat kann bi uns aver uk en lange „a" oder „o" sien: wach – waken, Sache – Saak, lassen – laten, Rasse – Raas, Karre – Koor, Bart – Boort. As ik al sä, mit grootordige Regeln för dat „a" is dat man so'n Saak.

I, i, ie: Dat eenfache „i" is uk in plattdüütsche Wöör meist en „i": bis – bit, mich – mi, sich – sik, innen – binnen, finden – finnen.

Dat hoochdüütsche „ie" is in't Plattdüütsche meist en lange „e": Bier – Beer, Knie – Knee, Lied – Leed, ihr – ehr, vier – veer, Wiege – Weeg. Bi „wieder" finnen wi in't Plattdüütsche en korte „e" (wedder). „Hier" heet bi uns uk „hier".

Eu, eu: För dat hochdüütsche „eu" steiht in't Plattdüütsche öft en „u" oder en „ü": Eule – Uul, heulen – hulen, Beule – Buul, treu – tru, Leute – Lüüd, heute – hüüt, Scheune – Schüün, leuchten – lüchten, Euter – Jüdder. Ganz enkelt mal gifft dat uk en „eu" in't Plattdüütsche: Heu, freuen, Freud, geheuer. De Wöör hebben wi uns villicht direkt ut dat Hoochdüütsche haalt, un de Hoochdüütschen hebben sik bi uns de „Leuwaag" annahmen.

U, u: Dat hoochdüütsche „u" is in unse Wöör öft en „o": Schule – School, Schuh – Schoh, klug – klook, Bruder – Broder, kurz – kort. Dat kann aver uk en „u" sien: du, uns, Hund.

Ü, ü: In'e Steed vun en „ü" steiht bi uns geern en „ö": müde – mööd, früh – fröh, Rübe – Rööv, Brüder – Bröder, lügen – lögen. De „Kühlschrank" hebben wi to Köhlschapp maakt, un statt „kühl" is dat bi uns en beten „köhlig". Uk mit dat korte „ü" geiht dat genauso: fünfzig – fööftig, kürzer – körter, dürfen – dörven. Eenst is dat mit dat „ü" in: Grütze – Grütt, Sünde – Sünn.

Mitlaute vun Hooch- to Plattdüütsch

Uk bi de Mitlaute gifft dat en ganzdeels „Verwandtschaften" twischen Hooch- un Plattdüütsch.

Hoochdüütsch „b": An'e Steed vun dat hoochdüütsche „b" steiht bi uns ganz öft en „v" oder en „f" oder „ff": ab – af, erben – arven, sieben – söven, Fieber – Fever, taub – doof, Brief – Breef, Korb – Korf, Taube – Duuv, Grab – Graff, Lob – Loff. Woneer dat en „v" oder en „f" oder „ff" is, dat is nich so licht un seggen. Dor denk Ju nich allto veel bi.

Hoochdüütsch „f" oder **„ff"** is in't Plattdüütsche meistens en eenfache „p": Affe – Aap, auf – op, treffen – drapen, Seife – Seep, tief – deep, taufen – döpen, schleifen – sliepen.

Bi Wöör mit en **„pf"** in't Hoochdüütsche finnen wi bi uns uk en „p": Dampf – Damp, Pferd – Peerd, Pfennig – Penning, Pfahl – Pahl, knöpfen – knöpen. Mitünner hebben wi aver uk „pp" in'e Steed vun en hoochdüütsche „pf": Apfel – Appel, Kopf – Kopp, rupfen – ruppen.

En lütte Muermannssöhn hett op en Wannerdag bi de Dörpskirch to sien Lehrerin seggt: „Düssen Peiler (Pieler – Pfeiler) hat mein Vater gemauert."

Hoochdüütsch „ch": Dat „ch" ward in plattdüütsche Wöör mitünner genauso bruukt as in't Hoochdüütsche:

hoch – hooch, Kirche – Kirch, echt, recht, frech, Krach, eenfach. Disse slags Wöör hören sik dorför uk meist so'n beten hoochdüütsch an. Bi „nicht" ward tominnst dat „t" un geern uk dat „ch" weglaten: nicht – nich – ni. Wegfallen deit dat „ch" uk bi: mich – mi, dich – di, eigentlich – eentlich – eentli un bi hoffentli, hartli un glückli. De letzte Wöör hebben wi ut dat Hoochdüütsche övernahmen un bi de Utspraak dorför sorgt, dat se sik tominnst plattdüütsch anhören doon.

As echt plattdüütsch ansehen doon wi dorgegen Wöör, bi de in'e Steed vun dat „ch" en „k" steiht: ich – ik, sich – sik, Blech – Blick, Sache – Saak, machen – maken, Buch – Book. Wenn ik aver för dat Woort „Kirche" „Kirch" schrieven do, denn krieg ik vun Lesers vun de Westerkant her immer Protest: „Dat heet doch Kark!" Dorto mutt een weten, dat vun Noord na Süüd dörch Sleswig-Holsteen en „Kirch-Kark-Grenz" geiht. Westen vun de Lien heet dat Kark, in'e Oosten dorgegen Kirch.

Bescheed krieg ik uk, wenn ik „Wuch" un nich „Week" schrieven do. Ebenso kenn ik vun fröher her nich de „Beek" för de hoochdüütsche Bach. De Linnau, de vun Hoochdüütschen Bach nöömt wurr, weer bi uns de „Strom". To de Fraag „Strom", „Au" oder „Beek" harr ik geern vun Ju Lesers noch wat höört.

Unse Woort „uk" is rett'!

Mag en Woort uk noch so lütt sien as dat „uk" (hoochdüütsch „auch"), so is dat liekers intressant un kieken sik dat mal wat neger an. Siet teihn Johren is dat ut dat plattdüütsche Wörterbook vun SASS verswunnen. Vörher stunn dor beides, „uk" un „ok". Nu is blots noch de holsteensche Form „ok" överbleven. Unse „uk" ut de nöördliche Landesdeel Schleswig is bi de letzte Oplaag vun de SASS eenfach streken wurrn. Doröver heff ik mi vör en poor Wuchen an disse Steed beklaagt. En ganzdeels Lesers hebben tostimmt, dat hier bi uns överall „uk" seggt ward. Danke för Ju ieverige Antwoorten! Hans Carstensen schreev in en Mail: „Ik segg uk uk un schriev uk uk. As junge Mensch heff ik 5 Johr in Dithmarschen leevt un dor ook ook seggt. Unse plattdütsche Spraak hett veele Twiegen, un een dorvun is unse schleswigsche mit de dänsche Inschlag. De wööt wi plegen un laaten uns uk vun Sass nix vörschrievn."

Achter de SASS stickt aver to'n Glück keen „Holtkopp". Vun Heinrich Thies, de dat Wörterbook siet Johren bearbeiden deit, kreeg ik en fründliche „velen Dank för't Anregen". In de neegste Oplaag sall dat „uk" wedder opnahmen warrn.

Nu wüll ik noch gau toenns kamen mit de Vergliek vun Mitlaute in Hooch- un Plattdüütsch.

För dat „s", „ss" un „ß" in hoochdüütsche Wöör steiht in't Plattdüütsche ganz öft en „t" oder „tt": bis – bit, das – dat, wissen – weten, essen – eten, lassen – laten, muss – mutt, reißen – rieten, heißen – heten, Schoß – Schoot, weiß – witt.

För't meiste is dat „s" aver in't Plattdüütsche uk en „s": Eis – Ies, reisen – reisen, lesen – lesen, sausen – susen, kraus – kruus, stehen – stahn, Spiegel – Spegel.

In'e Steed vun en „z" un „tz" finnen wi in't Plattdüütsche veel en „t" oder „tt": zu – to, zwei – twee, Zahn – Tähn, Zunge – Tung, Zoll – Toll, Weizen – Weten, kurz – kort, Pflanze – Plant, Hitze – Hitten, Katze – Katt, sitzen – sitten.

Steiht dor in't Plattdüütsche uk en „z" oder „tz", denn hannelt sik dat meist um gor nich so'n „richtige" plattdüütsche Woort: Zeitung, Zauber, Zug, Satz, kratzen, Witz.

Dat hoochdüütsche „t" is bi uns meist en „d": Tag – Dag, Taler – Daler, tanzen – danzen, tief – deep, Kette – Keed, Wetter – Wedder, weiter – wieder, streiten – strieden, der Tau – de Dau.

Aver, pass op, immer stimmt dat nich. Hier kamen en poor Utnahmen: das Tau – dat Tau, Tüte – Tuut, Teller, Tass un Tasch.

Vun so'n slags Bispillen kunn ik noch veel mehr optellen.

Wat för'n Wöör süllen wi bruken?

Wat hett dor in'e letzte Daag allens över Plattdüütsch in'e Zeitung stahn! All de Schrievers menen dat wiss gut mit unse Spraak. An'e Anfang vun'e Wuch ging en Leser böös to Kehrs mit de niemoodsche Wöör in Heiko Gauert sien Stücken. So'n harte Ton sind wi Plattdüütschen je gor nich gewohnt. Aver liekers is dat gut, wenn mal wedder kloor ward: Dat gifft um uns rum immer mehr niee Dele. Wenn wi doröver snacken wüllen, bruken wi för jede Deel uk en egen Woort. Sodennig ännert sik jede Spraak in een Tour. Dat Probleem kennen de Plattdüütschen al ganz lang. Ut so'n Verlegenheit hett sik mal een hulpen mit de Satz: „So'n Dings, wo man so mit deit, inne stickt un umme dreiht." Op de Oort kann en Woort blots ersett warrn, wenn de, mit de man snacken deit, een uk sehen kann. Dat is so, as wenn wi in en fremde Spraak mit Hänne un Fööt snacken.

De meiste Plattdüütschsnackers nehmen för wat Niees hüüttodaags geern dat hoochdüütsche oder indüütschte Woort dorför un spreken dat in plattdüütsche Maneer ut. Sodennig is de Plattsnacker meist gut to verstahn. Aver unse Spraak treckt dordörch so sinnig immer mehr na't Hoochdüütsche hen.

Op de anner Siet gifft dat Spraakforschers, de sik in'e Kopp sett hebben, dat dat för all dat Niee op unse Welt en „echt" plattdüütsche Woort geven sall. Na seehrs Meen geiht dat mit dat Plattdüütsche uk deswegen bargdal, weil wi keen Wöör hebben för veles, wo wi jüst över snacken oder schrieven wüllen. Bispillen för disse Oort Pleeg vun dat Plattdüütsche könen wi in Gauert sien aktuelle Mondagstexten lesen. An de „Noothelpsheevschruver" (Rettungshubschrauber) hett sik wiss nich blots de Schriever vun de Leserbreef in unse Zeitung stött. Uk wenn uns vele Wöör in de Texten „erfunnen" un „konstrueert" vörkamen, hett disse Weg to en moderne plattdüütsche Schriftspraak liekers wat Gudes. Dor ward en beten „System" in unse Spraak bröcht. To'n Bispill gifft dat in't Plattdüütsche eentlich keen -ung an't Enn vun en Woort (Endung, Verbindung). Mit so'n slags Wöör ward nu opregelt.

Wi wüllen geern, dat vele Lüüd Freud hebben an unse Spraak. En Spraak leevt dorvun, dat'n geern snackt ward. Keeneen sall sik bang maken laten, dat sien Plattdüütsch „verkehrt" is un womööglich deswegen de Mund holen. In unse Tiet höört aver uk dat Schrieven un dat Nadenken över de Spraak mit dorto. Sodennig is dat en gude Hülp, dat wi Plattdüütschen en örntliche Platz hebben in unse „Sseidung", ach nee, „in't Blatt".

Beek, Au un Stroom

Vör en Tietlang heff ik fraagt na Wöör för dat hooch-düütsche „Bach": Beek, Au oder Stroom? Dorophen bin ik mit de Lesers op allerhand mehr Wöör to snacken kamen. Dat Woort „Beek" ward hier bi uns nich mehr veel bruukt. Doch vun fröher her gifft dat en Masse Dörpsnaams mit „-bek" an't Enn: Eggebek, Jübek, Helligbek, Spöölbek. Disse Dörper schrieven sik all blots mit een „e", aver ik kreeg vun Chronikforschers to hören, dat dat fröher „-beek" bedüüdt hett. To'n Bispill is „Eggebek" de Beek bi de Eekböme.

In Angeln, mehr as op'e Geest, ward meistens „Au" seggt. Dat gifft de Schwennau, dat Munkbraruper „Autal" un dat Dörp Langballigau. Bavento ward beide Steden öft dat Woort „Groov" nöömt. En Groov is en künstliche Waterloop, een, de graavt wurrn is. Gröve (wecke Lüüd seggen uk „Gravens") sind in siede Land anleggt wurrn, dormit dat Water beter aftrecken kann. Bi de Moorkultiverung wurrn för't Graven en Masse Arbeiters mit Schüffel un Spaad bruukt. Wenn hüüttodaags en Groov anleggt warrn sall, denn kummt dor en grote Bagger mit een Mann an, un in wenige Stunnen is en örntliche Stück Groov ferdig.

Bi „Groov" fallt velen uk de Schosseegroov in. Veel Water is dor meist nich in. Aver wenn't op de Schossee to gau um de Kurv gahen sall, kann en Reis dor al orrig wat fröher toenns sien, as de Fohrer sik dat dacht harr.

Insteed vun „Groov" höört man uk „Waterlösung". Dat is je wohrhaftig keen plattdüütsche Woort. Dat is wiss bi en staatliche Kultiverungsaktion vun de Amts-spraak her bi uns hangen bleven. Gröve un Waterlösungs gahn nich dull bargdal. Dorför leppt dat Water dor man sinnig in. In brede „Vörfluters", de in de Marsch binnen-dieks anleggt wurrn sind, steiht dat Water meist still, bevör dat bi Ebb na de Noordsee hen aflöppt.

Wat ganz Putziges hett mi en Leser ut Eiderstedt schreven. He hett as Kind eerst bi de „Sendung mit der Maus" in't Fernsehen lehrt, dat dat Waterlöpe gifft, wo dat Water immer in een Richtung löppt. De heten in't Fernsehen „Bach". Bit dorhen harr he dacht, dat Water in en Flussbett immer hen un her löppt, so as he dat vun de Tochgrovens un Sieltöög kennen dä. Je na Ebb oder Floot leppt dat Water dor mal na de See to un mal in't Land rin. Ebenso wesselt de Waterloop in de Priele butendieks in't Watt.

Nu fehlt noch „mien" Stroom. As Kind hebben en ganzdeels Lüüd vun de Geest, jüst as ik, in de „Stroom" baadt. Nu seggen de meisten aver doch „Au" dorto. Stroom ward meist blots noch seggt to de Möhlenstrom in Schafflund oder Goldebek.

Ole Wöör, ole un niee Technik

Op mien letzte Stück hen hett Hanna Hoefer sik mit „Eggebek" befaat un dorbi noch en poor intressante ole Wöör opspöört. Se schreev: „Gestern leesde ik nu Dien Artikel över Beek, Au usw. Dorbi keem de Schnack ok op Eggebek, tosamen mit Langstedt mien Heimat- un Schooldörp. Du schreevst, dat keem vun Eken, also Bach unter oder an Eichen. So hebben wi dat ok fröher in de School lehrt. De Utspraak keem mi allerdings al immer en beten gediegen vör un bi't Nakieken in dat Historische Ortsnamenlexikon von Laur wurrn mien Twieveln bestätigt. Eggebek geiht nich torüch op Eken, sonnern op

Egg, wat soveel as Ecke, Rand, Kante meent. Dat keek ik denn noch in Mensing na. Dor is dat Woort ‚Egg' noch veel genauer erkläärt. Nich blots Ecke, Kante, Rand is mit Egg meent, ok de Steed in't Dörp, wo de eerste Hüser stunnen. Dat dröppt op Eggebek – plattdüütsch Echbek – genau to, denn de eerste Hüser stunnen in de Ooster- un Westerreeg, op beide Sieden vun de Beek. Dorbi full ik över de twete Bedüdung vun ‚Egg': Tuchkante, Webekante. Ik keem wedder doran to denken, dat mien Mudder bi't Toschnieden vun en Rock oder Schört geern sä: ‚För de ene Siet nutz ik de Eggkant ut, denn bruuk ik dat nich umschlengen.' (Dat Schlengen weer ja en böse Arbeit, dat wurr eerst beter as dat Neihmaschiens mit Zickzackstich geev.) Ik heff immer meent, Eggkant harr wat mit ‚echt' to doon, aver dat hangt ganz anners tohopen."

Mit dat Leed ut de Freischütz: „Durch die Wälder, durch die Auen ..." hett mi en Leserin op de hoochdüütsche Wöör Au oder Aue henwiest. De hoochdüütsche „Auen" sind natte Wischen (Feuchtwiesen) sietsbi en Waterloop. Bekannt sind de Rhein- oder Elbauen. Aver uk an vele lüttere Flüsse geev dat fröher Wischen, de in natte Tieden överswemmt weren. Öft kunn een gor nich sehen, wo de Waterloop sik dör de Wischen slängeln dä. Op de „Stroomwischen" kunn man meist nie mit en Meihmaschien kamen. Dat Gras wurr mit de Lee afmeiht, mit de Hänne borgen un op en hoge, drögere Kant dragen.

Hüüttodaags sind vele Flüsse liek maakt un öft mit en Betonkant op beide Sieden insparrt. Dicht an't Water stahn nu mitünner sogor Hüser. Man, wenn't nu mal düchtig regent, kann sik dat Water nich mehr as fröher ohne gröttere Schaden över de Wischen verdelen. Dat Water leppt nu veel gauer. Mit Macht „schütt" dat över de Kant un richt't veel Schaden an. Dat dore Probleem hebben wi Menschen uns selvst inhannelt.

Plattdüütsch in Oostfreesland

„Oh, dat is je moj, wenn Ji neegst Johr op de Weg na Greetsiel bi uns vörbi kieken doon. Denn setten wi uns in'e Tuun un drinken en Koppje Tee." Dat sä letzt in Aurich en Fru to mi, as ik ehr vertellt harr, dat ik anner Johr geern en Fohrradtour dörch Oostfreesland maken wüll.

Oostfreessche Platt höört sik fein an. Aver een mutt orrig tohören un öft en beten nadenken, wenn een allens verstahn wüll.

Anfangen deit dat al bi „moj". Dat heet gut oder schön. „Mojen Dag" bedüüdt soveel as bi uns „Goden Dag". Wecke Lüüd behaupten sogor, unse „Moin-Moin" geiht torüch op dat oostfreessche „Mojen Morgen".

Aver nu stell een sik mal vör, dat wi uns bi unse Frünnen in Oostfreesland in'e „Tuun" setten to Teedrinken. In'n Doorntuun to sitten, dat kunn doch en böös stachelige Angelegenheit warrn. Ik musste uk glieks an unse ole Berberitzentuun rundum de Goorn denken. Wenn man de to neeg kamen weer oder de klippt harr, denn harr een noch wuchenlang Ratschers an Hänne un Arms. Vör't Pieksen bruken de Oostfresen in seehrs Tuun nich bang sien. Denn dor is „Tuun" dat Woort för unse „Goorn" un nich för dat, wat buten um'e Goorn rum is.

Wenn de nette „Wicht" in dat Plattdüütskbüro in Auerk (Aurich) blied is un fein plattdüütsk praten deit, denn könen wi uns, so as dat Anfang September bi de 17. Düütsch-Amerikaansche Plattdüütschkonferenz weer, över en fründliche un düchtige junge Fru freuen, de fein plattdüütsch snacken deit. Unse Woort „Deern" kennen de Oostfresen nich. Wenn en Deern geboren ward, denn is dat en lütte „Wicht". Un dat blifft en Wicht bit in en Öller, wo dat in't Hoochdüütsche al lang mit „Frau" anspraken ward. Unse „Jung" is dor uk en Jung. En oostfreessche „Fent" is bi uns en Bengel.

In Oostfreesland ward noch veel plattdüütsch „praat",
mi dücht, wat mehr as bi uns. Oostfreessche Platt höört
sik för unse Ohren aver mitünner verkehrt an. „Ik bün"
heet bi uns uk „ik bün" oder „bin". Aver wi wunnern uns
doch, wenn seggt ward: „Wi bünt al bi de Arbeit" oder
„Se bünt to laat kamen" oder „Bünt ji tofreden?"
Oostfresen selvst seggen, seehrs Spraak hett veel mit
dat Holländsche gemeen. Ik mutt bi de Spraak uk an't
Englische denken. „Ik heff hum/hör sehn" is doch neger
bi „him" un „her" as bi unse „Ik heff em/ehr sehen."
Op de Koppje Tee in'e „Tuun" op de Weg na Greetsiel,
dor freu ik mi nu al düchtig. Denn oostfreessche Tee mit
knistern Kluntjes (Kandiszucker) un en „Wulk" vun
Rohm, dat is ganz wat Leckeres!

Oostfreesland mit all Sinnen

Letzt heff ik över dat Plattdüütsche in Oostfreesland
schreven. Dat weer kort na unse Plattdüütsch-Konferenz
in Aurich. Mit gut 30 Plattdüütschen ut Schleswig-Hol-
steen un even soveel amerikaansche Nakamen vun Ut-
wannerers ut Noorddüütschland weren wi bi de „Oost-
freeske Landskupp" to Besöök. Helmut Collmann, Prä-
sident vun de „Ostfriesische Landschaft", harr uns disse
Inladung tostüert:
„Van't Jahr is de 17. düütsch-amerikaansche Platt-
düütschkonferenz för't eerst Maal in Oostfreesland. De
Oostfreeske Landschupp laadt jo van Harten daarto in.
Up Exkursionen köönt ji besünners good de Gasten ut
Amerika un ok Oostfreesland un de Oostfresen kennen-
lehren. Windenergie, Schippsbo, politisch Histoorje –
Traditioon un Moderne liggen hier dicht binanner. Vör-
dragen un Warkkoppels, de sük mit de plattdüütsche
Spraak befaten, Avenden mit Kulturprogramm un tüs-

kenin alltied weer Tied, mitnanner to proten – Kennenlehren mit all Sinnen!"

Dat weer en fründliche Inladung in oostfriesische Platt „light". So is dat je ganz gut to verstahen. Wenn aver Helmut Collmann oder en anner echte Oostfrees so richtig losproten deit, denn mutt een düchtig oppassen, dat een allens mitkriegen deit.

Kloor weer uk, dat de meiste Amerikaners, de dor op Besöökstour weren, nich allto veel Plattdüütsch verstahen kunnen. Sodennig weer „Kennenlehren mit all Sinnen" en gude Plan. Dat geev veel to kieken, hören, rüken un smecken, un dordörch harrn all Deelnehmers wat vun dat Drapen.

De „Plattdüütschaktivisten" hebben sik flietig uttuuscht. Op de Rundtouren geev dat veel för't Oog: Sattgröne Land mit swartbunte Veeh dorop, lange lieke Fehn (Kanaals), lütte Havens, smucke Dörper mit schöne ole Kirchen un Windmöhlen, mächtige Buernhüser, adrette Vörgoorns un moderne Windkraftanlagen.

Dat schöönste för de Ohren weer de Gottesdeenst op Plattdüütsch un Englisch in Victobur. Dor weren wunnerbore Spreek- un Singstimmen to hören un ganz veel feine Musik.

Opregend wurr dat meist, as dat to Middag (Lunch) an en Fischbood an'n Haven in Neuharlingersiel en Semmel mit Fisch oder mit Krabben geven sull. Denn de „Normalamerikaner" ut de Mittlere Westen is „bang" vör Krabben. Dorbi mutt he/se glieks an Würmer denken. Dor maakt een wohl lever en grote Baag um!

Bi de „Teezeremonie" in dat Museumsdörp Moordörp weren sik denn all enig, dat een sik knapp wat Beteres denken kann as Oostfriesentee mit Kluntjes un Rohm un denn noch frische Rosinenbrot mit Bodder dorto.

Wat ward ut de Plattdüütschkonferenzen?

Nu hebben wi wedder en feine Düütsch-Amerikaansche Plattdüütschkonfernz beleevt. Ditmal is de vun de ooltehrwürdige „Ostfriesische Landschaft" in Aurich/Oostfreesland utricht wurrn. Siet 1989 geev dat meist jede Johr so'n Drapen, immer Johr um Johr an en Steed in de Mittlere Westen vun Amerika oder in Schleswig-Holsteen. De Plattdüütschkonferenzen sind vun de „American/ Schleswig-Holstein Heritage Society" (ASHHS) in't Leven ropen wurrn. De eerste dree Wöör sind kloor un „Society" bedüüdt soveel as Vereen/Gesellschaft. To ASHHS hören 600 amerikaansche Nakamen vun Utwannerers ut Schleswig-Holsteen un umbi 60 Lüüd in Düütschland.

„Heritage" = „Arvdeel" = „geistig-kulturelles Erbe", dat is dat, wo dat bi ASHHS um gahen deit. Dat Heritage kummt vun de „Wurteln" in de ole Heimat, de „Roots", un de hebben för vele Lüüd in Amerika en grote Bedüden.

Immer wedder söken Amerikaners bi uns na Sporen vun siss Vörfohren. Velen hebben Oortschaften un Kirchhööv bekeken un ole Dokumente dörchstudeert, un männicheen hett hier uk noch wietlöftige Verwandten

funnen. Sodennig hebben sik Lüüd vun beide Sieden vun dat Grote Water kennenlehrt un Fründschaft sloten. Mitenanner ünnerholen, dat ging för velen bit vör wecke Johren am besten op Plattdüütsch. Denn de öllere Lüüd bi uns könen meist keen Englisch, un Amerikaners hebben keen Hoochdüütsch lehrt. Aver dat Plattdüütsche hett sik in Amerika öft noch bit to wiet över hunnert Johren na de Utwannerung in de Familien holen. Sodennig hett de gemeensame Spraak de Menschen wedder tosamen bröcht. Deswegen speelt dat Plattdüütsche neven Geschichte, Kultur, Land un Lüüd un Eten un Drinken immer noch en grote Rull bi unse Drapens.

Dörch unse amerikaansche Frünnen hebben wi veel to weten kregen vun de Mittlere Westen vun Amerika un letztenns uk vun de Geschicht un Kultur vun unse egen Land. Uk wenn de Plattsnackers op beide Sieden vun't „Grote Water" örntlich weniger wurrn sind, sullen wi liekers dorför sorgen, dat unse gemeensame Geschicht in Kopp un Hart holen blifft un de Fründschaften pleegt warrn. Besünners wegen de kulturgeschichtliche Bedüden warr ik mi bi de Schleswig-Holsteensche Heimatbund vörstellen. Dat wi öllere „Privatlüüd" vun ASHHS dat wiederhen alleen regeln könen, dor is en Enn vun aftosehn. Ik laadt all Lesers geern in, sik antosluten bi de Verbinnungs to de Buten-Schleswig-Holsteners in Amerika.

Plattdüütsch schall wieder leven

In de letzte Johren hebben vele Lüüd begrepen, dat gau wat daan warrn mutt för de plattdüütsche Spraak. Uk Universitätslüüd spekeleren, wodennig dat Plattdüütsche best bestahn kann in de niee Tiet. En Studentin schreev mi: „Innerhalb meines Germanistik-Studiums (Master) schreibe ich eine etwa 20-seitige Hausarbeit zum Thema ‚Niederdeutsch zwischen Tradition und Moderne – am Beispiel des Wortschatzes' – niederdeutsche Fachsprachen im Internet: Wissenschaft, Politik und Gesellschaft." Es geht also darum, wie moderne Wörter wie Handy etc. ins Niederdeutsche übertragen werden, bzw. ja quasi neu „erfunden" werden müssen. Ich würde mich sehr freuen, wenn Sie mir mit Ihrer Erfahrung einen Tipp geben könnten."

De Sorgen um de Bestand vun de Spraak sind al oolt. En Leserin, in Angeln opwussen, nu in Offenburg tohuus, hett dor in'e Süden körtens op en Veranstalten över Dialekte dat Gedicht „Plattdüütsch in Chikago" vun Klaus Groth vördragen. 1880 hett Groth dit Gedicht voller Gottloff as Gröten na Chicago schickt to en Fest vun de „Plattdüütsche Vereen": „Dor röppt uns ole Moderspraak nu Dusende tosaam; to'n lustig, hartlich plattdüütsch Snack süht Illinois se kaam." Denn heet dat: „Segg an: Wer harr dat dacht? Wer't seggt harr noch vör dörtig Jahr, den harr man luud belacht. Den harr man seggt: In düütschen Lann, dor schaamt man sik vör't Platt. Dat is bet dicht vör't Ünnergahn … De Kinner lehrt al in de School: Dat weer so groff, so rooch, pass hööchstens in'e Köök bi'n Kohl un achter Putt un Ploog."

Hier wurr Plattdüütsch do al ring ansehen. In Amerika weer dat in beide grote Kriegen un in'e Hitlertiet sogar verbaden. Liekers is de Spraak dor an wecke Steden blots dör't Snacken noch lang lebennig bleven. 1999 heff ik in Iowa en ganze Reeg Plattdüütschen andrapen. Erst nu, mehr as 130 Johr na Klaus Groth sien Gedicht, sind de Plattdüütschen in Amerika rein to dünn seit.

Verbaden ween is dat Plattdüütsche bi uns je nich. Aver düchtig Schaden nahmen hett dat liekers. Denn de Spraak is öft as simpel un lächerlich henstellt wurrn vun Lüüd, de sik för besünners klook un fein helen. Uk en deels Schoolmeisters wullen nix dorvun weten.

Nu is dat hoge Tiet, dat Plattsnackers un -forschers tosamen arbeiden.

Handy op Platt:
Plattdüütsche Wöör för niee Dinge

„Ik lees jümmers dat plattdütsche in't Blatt un mi liggt an't erholln vun de Spraak, wiel dat ik dat all de daag snacken do. Veele, de dat könnt, vergeten platt to snacken un doon dat nich. Blots wenn wi all uns dorop besinnen, dregen wi dorto bi, dat dat plattdütsch nich utstarven deit." Dat schreev mi en Leser mit Naam Hansen. Em dat namaken, dat is dat beste, wat jeedeen för unse Spraak doon kann. Aver dormit is dat hüüttodaags nich mehr daan. Middewiel fehlen an vele Steden een bit twee Generations vun aktive Plattdüütschen. De Spraak ward blots noch in wenige Familien an de Kinner wiedergeven.

För de Familien insprungen sind nu Plattsnackers un Lehrers in Kinnergoorns un Scholen. Man, so licht to is dat nich un bringen de Kinner un de Lehramtsstudenten Plattdüütsch bi. Wat is dat „richtige Platt"? De „normale" Plattsnacker höllt sien egen Spraak natürlich för de eenzig richtige. Man dat gifft verschedene Dialekte.

Wat för'n Wöör un Grammatik sall een bruken: Wuch oder Week? Kirch oder Kark? Wi sehn oder wi seht? Un denn: Wat seggen wi to all de Delen, de dat fröher noch nich geven hett? Nehmen wi dat hoochdüütsche Woort, ännern wi dat en beten um oder „erfinnen" wi niee „plattdüütsche" Wöör?

Dat all Lüüd recht maken, is nich mööglich. Öft is dat nich licht, so'n niee Woort överhaupt to verstahen. „Echte" Plattsnackers helpen sik selvst un wüllen vun de „utdachte" Wöör meist nix weten: „Wat sall dat denn to? Dat seggen wi doch ganz anners" oder „Wi dreihen beter de ganze Satz um". Dor möten Plattsnackers un studeerte Lüüd noch düchtig tosamen an arbeiden!

Letzt wurr na dat plattdüütsche Woort för „Handy" fraagt. „Handtelefon" sall dat heten. Man, „Telefon" is je

uk en Fremdwoort. En anner Bispill is de „Klappreek-
ner". Dat Woort heff ik vör gut söss Johr to'n eersten Mal
höört. Aver dörchsett hett sik dat immer noch nich.
Plattsnackers fraag ik mitünner to'n Spaaß, wat „Klapp-
reekner" wohl bedüden deit. Bit nu hett noch keeneen de
Antwoort wusst. Hier de Oplösung: En „Klappreekner"
sall en „Laptop" sien.

Dat Problem mit Wöör för niee Dinge is al oolt. In'e
fofftiger Johren harrn wi in unse Buernhuus man ganz
wenig Lampen un dat geev en Masse düüstere Ecken.
Denn kregen wi en Handlamp mit en lange Snoor. Dor-
mit kunn man in en wiede Umkreis vun en Steckdoos fein
in all de Ecken kieken. Een Dag keem mien Unkel an un
wull geern de „Lamp to Weglopen" lehnen. Dat is meist
so ähnlich as hüüttodaags de „Coffee to go".

Em un ehr

„Dat smeckt je nich na em un nich na ehr!" Wenn en Huusfru oder en Kröger dat vun en Kostgänger to hören kriggt, denn is dat alles anner as en Loff för de Kaakkunst. Dat kann sien, dor is en beten spoort wurrn bi Solt un Gewürzen. Dat kann aver uk sien, de Gast is man blots vun Natur ut en Quarkbüdel. Wecke Gemüsesoorten hebben nich veel egen Gesmack. Dorto kunn een uk seggen, dat smeckt nich na em un nich na ehr. Kürbis to'n Bispill much ik fröher blots, wenn de sööt-suer un mit Nelken un Kaneelstangen inkaakt weer. Hüüttodaags gifft dat aver uk feine Rezepten för Kürbissupp. Eenfach so in't Hoochdüütsche bringen könen wi disse Snack mit „em un ehr" nich. „Das schmeckt nicht nach ihm und nicht nach ihr", dat höört sik to dösig an. Wi seggen: „Das ist nicht genug gewürzt, nüchtern, schmeckt langweilig."

„Em" un „ehr" hebben uk sunst siss Nücken, wenn wi de Wöör in't Hoochdüütsche richtig bruken wüllen. Dor kann een mitünner en Plattdüütsche een an utkennen, wenn hoochdüütsch snackt ward. „Em" bruken wi för de dritte un veerte Fall, för „ihm" un „ihn": „Ik wüll mit em snacken" un „Ik heff em sehen." („Ich will mit ihm reden" un „Ich habe ihn gesehen".) Denn un wenn seggt aver wohl uk mal een: „Ich habe „ihm" gesehen."

Bi dat Woort „ehr" möten wi noch veel mehr oppassen. As op Hoochdüütsch „sie" un „ihr" hebben wi op Plattdüütsch uk „se" un „ehr". Aver wi bruken de Wöör öft anners. Dat kann sik för hoochdüütsche Ohren böös verkehrt anhören. „Ik bin mit ehr to School gahn" is in'e Reeg. Aver ut „ik heff ehr sehen" kunn bi't Vertellen op Hoochdüütsch nuch mal warrn: „Ich habe ihr gesehen." So'n slags „hoochdüütsche Fehlers" kemen fröher bi

Landkinner licht mal vör. Dat wurr denn as Bewies dorför nahmen, dat dat von Schaden weer, wenn Kinner Plattdüütsch opwassen dään.

Jüngere Plattdüütschen seggen hüüttodaags al veel: „Ik heff se sehen." Dorbi weet een denn aver nich, ob dat sik um <u>een</u> Fru oder mehrere Lüüd hannelt.

Noch bunter ward dat, wenn „ehr" „besitzanzeigendes Fürwort" is. „Dat is ehr Tasch" könen wi gut verstahn. Liekers ward öft de Naam dortosett: „Dat is Anna ehr Tasch" in'e Steed vun „das ist Annas Tasche". Bi „Anna ihre Tasche" denken de Hoochdüütschen sik „seehrs" Deel. Dat heet wöörtlich: „denken die Hochdeutschen sich sie-ihr Teil". „Seehrs" ward öft uk körter utspraken as „siss". „Herr Paster, gröten Se man Siss Fru!" = „…grüßen Sie Sie-Ihre Frau!" Een kunn dat uk översetten mit „Sies" Fru. För „De Kinner töven op seehrs/siss Mudder" is mitünner op Hoochdüütsch seggt wurrn: „Die Kinder warten auf „sie ihre" (oder „sies") Mutter.

„Seehrs" un „siss" is wat Besünneres in'e Noorden. De Holsteners sind neger an't Hoochdüütsche: „…gröten Se Ehr(e) Fru." un „De Kinner töövt op ehr(e) Mudder." Dor kummt een denn uk nich so licht to Malör bi't Översetten.

Escher, Rüffel un Spaad

Wenn ik an Summeravenden in mien Kinnertiet denk, denn fallen mi twee Oorten vun „Freizeitbeschäftigung" vun de Buern in: De enen kregen sik de Flint över de Nack un gingen op Bockjagd. De annern trucken mit en Spaad op de Nack los op'e „Jagd" na Steden, wo Regenwater nich vun selvst aflopen weer. Dor musste „grübbelt" warrn. Un denn weer de Buer mit sien Spaad uk noch örntlich achter „Unkruut" her: junge Pappeln, de in'n Umkreis vun en ole Boom to Dutzenden utschaten weren. Schrepp (großer Ampfer) kunn een blots loswarrn vun't Land, wenn een de ratzekal mitsamt de depe Wurtel utgraavt kreeg.

För dat hoochdüütsche Woort „Spaten" gifft dat, je na Gegend, ganz vele verschedene Wöör. Bi uns in'e nöördliche Landesdeel Schleswig is dat de „Spaad" oder „Spaden". Bi beide Wöör ward dat „d" meist nich mitsnackt. Sodennig heet dat „Spaa" oder „Spaan". Dat lange „a" ward so utspraken as dat dänische „å". Bi dat „d" an't Enn vun „Spaad" höört man bi wecke ole Lüüd wohl uk noch en anner Rest ut dänische Tieden: Se spreken dat Woort as „Spåål" ut. Dat höört sik so ähnlich an as bi de ganz weke dänische Utspraak vun dat „d".

De Spaad ward in'e Landwirtschaft bruukt, in'e Goorn un uk in't Moor. Dat Blatt vun en Graavspaad för dat

Land oder de Goorn is breed un vörn wat rund. In't Moor dorgegen ward en Spaad mit en smalle, anspitzte Blatt bruukt. Je na Gegend heet de Spaad för Moorarbeiden „Torfspaad" oder „Klüünspaad".

En anner Woort för „Spaten" is „Büscher". Dat Woort ward vun Dithmarschen bit rop na Husum bruukt. „Rüffel" in'e Sinn vun „Spaten" heff ik to'n eersten Mal vun Heinrich Ohm (Schriever vun de Roman „De Mohls") höört. Heinrich Ohm keem ut Christiansholm. Noorden vun de Eider un na Husum to ward veel „Rüffel" seggt.

De Wöör „Escher" oder „Ascher" för „Spaten" süllen na Mensing fröher blots in't Holsteensche bruukt wurrn sien. Nu sind se aver uk wieder in'e Noorden bekannt.

Bi Mensing heff ik en intressante Verkloren för dat Woort „Escher" leest: Steel un Griff vun de Escher sind fröher ut Eschenholt maakt wurrn. Dat slags Holt weer dorför am besten to bruken. Dat Blatt vun en Escher is ut Iesen un, as al bi de Spaad beschreven, afrundt oder anspitzt. Je na de Fasson vun dat Blatt is dat en Graavescher oder en Torfescher.

En Graavspaad/-escher ward uk hüüt noch bruukt. De Torfspaad/-escher finnt een blots noch in't Museum oder as Dekoration an't Huus.

Etepetete bi't Eten

Eentlich wull ik vundaag wat över „eten" schrieven. Aver denn keem mi dat Woort „etepetete" in'e Kopp un wull nich wedder wieken. „Etepetete bi't Eten", dat is je meist en Tungenknieper.

In dat Woort „etepetete" sall dat französische „peut-être" in steken. Dat heet op Plattdüütsch „kann sien, villicht", un ward mit „mehr schienen as sien" översett. „Etepetete" kann uk stahn för „verwöhnt" un „överfein".

71

In de föfftiger Johren fungen wecke Fruuns an un helen bi't Kaffeedrinken de lütte Finger stief liekut wiet af vun de niemoodsche Sammeltass. Dat sull „fein" sien.

To de Tiet kregen de Lüüd op'e Geest uk to weten: So as hier eten ward, dat is ooldaagsch un „unkultiveert". Do sneed een noch dat ganze Stück Speck oder Fleesch glieks na't Opfüllen op de Teller in Stücken un legge dorna dat Mess bisiets. De linke Hand verswunn ünner de Disch op de Schoot. De Gavel keem in de rechte Hand, un denn wurr munter „losforkt". Dat ging mit rechts, mit de „feine" Hand, je uk richtig flott.

De Verwandten un Bekannten in'e Stadt, de eten do al mit Messer un Gavel, un uk in Angeln weren de Lüüd „wieder to". As bi uns de eerste Lüüd anfungen, mit de Gavel in'e linke Hand to eten, seeg dat orrig tüffelig ut, un dor wurr böös Narr na dreven. De wullen wohl wat Beteres sien!

An dat Narrdrieven na „feine" Lüüd, de mit Messer un Gavel eten, musste ik denken, as ik in Iowa/USA mank Nakamen vun Utwannerers ut Schleswig-Holsteen keem. Dor eten de Lüüd hüüttodaags noch so, as ik dat ut mien Kinnertiet kennen do. Vör allem höört dor de linke Hand bi't Eten ünner de Disch. Wenn Besöök kummt ut Düütschland, wüllen de Amerikaners aver hööflich sien, un denn eten se evenso as wi. Liekers wiesen se geern mit en vergnöögte Grienen dorop hen, dat se je weten, wat sik in Düütschland hören deit.

En anner Geschicht: En Ehepoor ut't Dörp – he harr dat in sien Leven to en Direktorenposten bröcht – weer in'e Summer bi Verwandten op't Land to Besöök. Mit de Söhn wurr Hoochdüütsch snackt. Dor sull je uk mal wat ut warrn.

Avends geev dat inzuckerte Eerdbeern. Dor weer örntlich Saft uttrucken. Jede eet mit grote Aptiet sien Eerdbeern mit en Lepel ut en depe Teller. Denn nehm de Jung de ganze Teller in beide Hänne un wull de Saft utdrinken.

72

„Aber, Hans-Jürgen, das tut man doch nicht!", sä de Mudder in wohlartikuleerte Hoochdüütsch. Dorop de Jung: „Och, Mudder, tohuus maakst du dat doch uk immer so!"

Ei, eisch un eien

De Dubbelbookstaav „ei" passt best to Oostern. Aver I warrn glieks sehn, worum ik dor nu midden in'e Winter op dal wüll. Letzt kreeg ik, ganz poetisch utdrückt, to hören: „Nu hett sik de Johreskries je uk al wedder sloten." Ik weet, en gude Lehrer seggt en Fehler nich nochmal. De maakt dat glieks richtig: Meent weer de „Johreskreis" un nich en ganze Johr vull vun Krisen. Bi dat Woort „Johreskries" kann een je eentlich blots an all de Krisen vun vunjohr denken: „Finanz- un Wirtschaftskrisen", villicht uk mal en „Ehekries" oder en „Kries" bi en Krankheit, na de denn allens wedder gut warrn kann.

Nich blots bi „Kreis" höört man mitünner en „ie", wo dat nich henhöört. Uk de Wöör „heiraten" un „Arbeit" verföhren dorto, dat „ei" för't Plattdüütsche aftoännern. Bi beide Wöör ward mitünner en „ie" utspraken (hieraten/Arbiet). Passend to't Thema sä mal en Fru ganz truschullig: „Segg Beschiet, wenn't losgahn kann." (Bescheid = Bescheed)

För Hoochdüütschen is dat nich immer so licht un finnen dat richtige plattdüütsche Woort. Dat is je uk nich so slimm, wenn encr dorbi mal verkehrte Bookstaven tofaten kriggt. Blots bi de „Kries" un „Beschiet" mutt een villicht doch en beten grienen.

Nu wüll ik noch en poor hoochdüütsche Wöör mit „ei" un de plattdüütsche Wöör dorto wiesen: „Sein", „Preis" un „bei" heet „sien", „Pries" un „bi". Op de anner Siet is „Stein" = „Steen", „Bein" = „Been" un „heißen" = „heten". Uk in't Plattdüütsche blifft dat en „ei" bi: „Kreis, heiraten, Arbeit, Höhnerei, reisen un rein".

Ganz vigeliensch is dat mit dat hoochdüütsche „fein". Dat kann op Plattdüütsch „fien" aver uk „fein" heten. „Fien" is dünn, slank, zerbrechlich, feinkörnig, fein gemahlen: „De Deern is man fien, fiene Hoor, Porzellan, Sand, Mehl." „Fein" kann in de Richtung vun „edel" un „vörnehm" gahen: „feine Porzellan", dat „feine Tüüch" (Schapptüüch), „feine Lüüd". „Fein" kann aver uk eenfach „fründlich un nett" heten: „Wi hebben feine Nachborn. Dat is en feine Deern." Fröher musste immer de „feine" (rechte) Hand bruukt warrn. Nich, dat dat Kind en Linkspoot wurr!

Denn gifft dat in't Plattdüütsche noch twee „echte" feine ole Wöör mit „ei": „eisch" un „eien". En Kind dörf nich „eisch" sien. „Eisch" bedüüdt „frech, ungezogen, böse". „Eien" is „sehr liebevoll streicheln". Hüüttodaags ward statt „eien" öft al „striecheln" seggt. „Eisch" un „eien" kunnen bald perdu gahn, wenn wi nich oppassen doon!

Dat Enn

Vör ik över dat Woort „Enn" schriev, wüll ik gau en beten to de Schrievwies seggen. „Enn" heet op Hoochdüütsch „Ende". Vun dat Woort fallt nich blots dat „e" an't Enn weg. Uk dat „d" ward „versluukt" un nich mitschreven. Sowat kummt in't Plattdüütsche täämlich öft vör, besünners in'e Mehrtallsform: Hund – Hünne oder Hunnen, Hand – Hänne oder Hannen. Aver uk in anner Wöör steiht in'e Steed vun dat „d" en twete „n": auswannern – utwannern, anders – anners, besonders – besünners. In'e Flensburger Gegend höört man veel: „sünne" oder „Sünn un Schann". „Dat is je rein sünne för ehr."

„Enn" kann en ganz konkrete Bedüden hebben: dat Enn vun de Faden oder vun de Straat. An de Steed sind Faden oder Straat „toenns". Wenn een dat lange Woort „Endhaltestelle" översetten wüll, denn kummt dor geern „Endhaltesteed" oder „Endhaltestell" bi rut. Mit so'n „End-" dorin höört sik dat Woort je nich so richtig plattdüütsch an. Dorför kunnen wi gut seggen: „Dor is de Buslien toenns" oder „Dor dreiht de Bus wedder um."

Bi de ole Buernhüser geev dat fröher öft en „Afnehmsenn". Dor wohnten de Afnehmslüüd (Altenteiler) in. Bi uns in'e Gegend wurr dat Afnehmsenn an't Oosterenn vun't lange Buernhuus anbuut. Denn en jütische Buernhuus weer wegen de Westwind in Oost-West-Richtung anleggt.

Dat gifft uk noch en ganzdeels Snacks mit „Enn": „Dat dicke Enn kummt eerst noch." „Dor töövt noch veel Arbeit op ehr, aver se kriggt man dat „Achterenn" nich hooch." Een beklaagt sik: „De dore Arbeit is gor keen Enn op to sehn."

„He kriggt immer dat korte Enn tofaten", ward seggt, wenn een op sien Arbeitssteed utnutzt ward un öft de sweerste Arbeit toschaven kriggt. De Utdruck „dat korte Enn" geiht op de Tiet vun'e Peerdearbeit torüch. Bi en Waag oder vör de Ploog wurrn mit Dracht un Sträng de Hebelgesetze utnutzt, un dat stärkere Peerd in't Gespann wurr an't „korte Enn" anspannt.

„He vertellt immerlos Lögenkraam, dor is dat Enn vun weg." „He ward nuch bald Enn op sien Geldpoos kriegen", seggt man, wenn een lichtsinnig un grootsch mit Geld um sik smitt. Wenn fröher över so'n grootsche Mensch snackt wurr, denn sprook geern een dat hoochdüütsche Machtwoort: „Mein Reichtum hat kein Ende." Dormit weer kloor, wat man ünner däägliche Lüüd vun so en Mensch holen dä.

En Disch ward best „ennlangs" dörch't Döörlock dragen. Meist gor nich mehr höört man dat ole Woort „amenne". Dat bedüüdt „villicht", hoochdüütsch „vielleicht" oder uk „am Ende".

Liekers un amenne

Lange Tiet harr ik dat Woort „amenne" nich mehr höört. Wenn ik dat selvst mal seggen do, denn mutt ik dorbi öft an en Mensch ut de Generation vun mien Öllern denken. To'n Spaaß heff ik mi nu mal en beten umhöört bi mien Bekannten. Wecken kennen dat Woort doch noch. En ganz feine Antwoort kreeg ik vun Helmut Schmidt ut Dammholm in Angeln. He keem foorts mit de Satz: „De snackt noch richtig Plattdüütsch, mit liekers un amenne." Dat ward in Angeln mit Freud un Bewunnern seggt, wenn een noch echte ole plattdüütsche Wöör kennen un uk bruken deit.

„Amenne" hebben de Lüüd fröher veel seggt. Liekers mutt ik mi över dat dore Woort en beten wunnern. Denn dat is je sach tosamentrucken ut dat hoochdüütsche „am

Ende". Blots dorbi hett „amenne" gor keen richtige platt-düütsche Form kregen. In't Plattdüütsche hebben wi keen Dativ, also keen „am Ende". Bi uns müsste dat na de Grammatik eentlich „an't Enn" heten. Ik wurr mi ganz dull freuen, wenn mi dor noch een wat Klokes to seggen kunn.

Dat ole plattdüütsche Woort „liekers" heet op Hooch-düütsch „trotzdem". Dat sind je twee ganz verschedene Wöör. För „trotzdem" gifft dat in't Hoochdüütsche aver uk noch „gleichwohl", un dat is denn wedder verwandt mit „liekers". In't Plattdüütsche fehlt blots dat „g" an'e Anfang vun't Woort. „Lieke lang as breet" heet „gleich lang wie breit". Uk in't Englische is bi „like" keen „g" an'e Anfang vun't Woort: „He looks like his brother" = „Er gleicht seinem Bruder." Putzig höört sik dat mitün-ner an, wenn en Amerikaner „to like" (mögen) op Düütsch seggen wüll: „Ich gleiche das." Dat sall heten: „Ik mag dat." Op Plattdüütsch bin ik al vun Amerikaners fraagt wurrn: „Gliekst du dat?"

De Eck

Na dat „Enn" wüll ik mi nu de „Eck" vörnehmen. Eck ward in'e geometrische Sinn bruukt: Dreeeck, Veereck, de veer Ecken vun en Stuuv oder en Huus. Meist ward dat aver mit de Geometrie nich so genau nahmen: He kummt ut de Rendsburger Eck. Düütschland hett'n Masse schöne Ecken. Bit na de Bahnhoff is dat noch en ganze Eck. De wohnen nu in'e wietste Eck vun Bayern. Bi't Feudeln oder Stoffwischen gifft dat mitünner „runne Ecken". Bi't Ricken warrn starke Eckpahlen bruukt, un bi de Chef kann een uk mal „anecken".
Jeedeen kennt wull de Eck in Hamburg ut dat Leed: „An'e Eck steiht en Jung mit'n Tüdelband ..."

De Eekboom

Wenn wi an Böme denken, hebben velen vun uns gau en mächtige ole Eekboom vör Ogen. Eken gifft dat al siet vele Dusend Johren. Se könen en orrig dicke Stamm un grote Kroon hebben, un de enkelte Boom kann ganz, ganz oolt warrn. Wenn uk mal en Ast vun en Blitz afklöövt ward oder sunst to Schaden kummt, maakt dat de ganze Boom nich veel ut. De Rest vun'e Ast swinnt mit de Tiet to en dicke Knast an'e Stamm. De Boom wasst wieder un ward to en „knorrige Eiche".
Keen Wunner, dat so'n stävige Boom, de dörch hunnerten vun Johren hendör Storms un Gewidders, Küll, Hitten un Dröögde överstahn hett, to en Symbol för Knööv un Bestand wurrn is. Sogar överirdische Bedüden hett de Eekboom tospraken kregen, un de hett as Teken för dat ewige Leven gullen. Dat süht een op Bibelumsläge ut de Tiet vun'e Gotik. Aver uk al bi de Römers, de Kelten un de Ger-

manen harrn Eekböme en Bedüden in de Religion. Bi kultische Handlungs wurrn Ekentwiegen un -bläder bruukt. De Platz för't Rechtspreken weer veel ünner en Eekboom.

De Bedüden un Kraft, de man en Eekboom totruut, wiest sik an vele Steden. Vun en starke Keerl ward seggt: „He is'n Keerl as en Eekboom." Fröher hete dat: Wenn en junge Deern dreemal um de „Brüdigamseek" in Dodau bi Eutin leppt, dorbi keen Woort seggt un de ganze Tiet an ehr Brüdigam denkt, denn sall binnen een Johr Hochtiet sien.

De „Eekboom an'e See" in dat Gedicht vun Fritz Reuter is en grootoordige Bild för de plattdüütsche Spraak:

Ik weet enen Eekboom, de steiht an de See,
de Noordstorm, de bruust in sien Knäst;
Stolt reckt he de mächtige Kron in de Höh,
So is dat al dusend Johr west;
Keen Minschenhand,
de hett em plant't.
He reckt sik vun Pommern bit Nedderland.

Eekböme, Ekenbläder un Eckern spelen en grote Rull op Wappen, militärische Rang- un Ehrenteken un op Geldstücken (op unse düütsche Pennings un hüüttodaags uk noch op Eurocentstücken).

Bi besünnere Anlässe sind an vele Steden in Düütschland geern Eekböme plantet wurrn, so as de „Friedenseichen" na de Krieg 1870/71. In Schleswig-Holsteen wurrn in't 19. Johrhunnert vele „Doppeleichen" plantet (twee

Eken in een Plantlock) as Teken dorför, dat Schleswig un Holsteen sullen „blieven tosamende op ewig ungedeelt". In dat Schleswig-Holsteen-Leed heet dat: „Teures Land, du Doppeleiche, unter einer Krone Dach …"

De Katteker (Eichkätzchen, Eichhörnchen) turnt ieverig un flink in de Eekboom umbi un sammelt Eckern as Fudder för de Winter.

Bookeckern

Wat verstickt sik achter dat Woort „Bucheckern"? Dat ik dor noch mal so'n Oort Krimi över schrieven sull, dat heff ik mi nich drömen laten. De Geschicht fung so an: „Frau Jensen, das Wort Eckern in Ihrem Text kommt mir sehr merkwürdig vor. Das soll ja wohl Eicheln heißen. Aber ich kann bei Eckern nur an Bucheckern denken." Mit disse Bedenken reep mi letzt de Redakteur an. He weer jüst dorbi, mien Stück över Eekboom un Eckern för de Zeitung fertig to maken.

Harr ik för Eicheln dat anner plattdüütsche Woort „Ekeln" schreven, denn harr he dat hennahmen. Denn in'e Klang liggt Ekeln je veel neger bi Eicheln as Eckern dat deit.

Aver man gut, ik kreeg disse Anroop. Denn nu wurr ik nieschierig, wodennig dat mit Eicheln, Eckern un Bucheckern tosamen hangen deit.

De Eckern as Woort för „Eicheln" stunnen in dat Wörterbook vun Mensing vörnan. Dat bedüüdt, am meisten ward dat Woort Ecker bruukt för dat hoochdüütsche Eichel. Denn kamen Egger, Eckel, Eggel un Ekel. Ekel hett de Mehrtall Ekeln oder Ekels.

Op de Söök na dat plattdüütsche Woort för Bucheckern heff ik mi denn doch wunnert. Natürlich gifft dat op Plattdüütsch Bookeckern. Aver dor is uk angeven:

Booknööt (Buchnüsse) un Buchel mit de Bedüden vun „Frucht", „Samen" der Buche. Dat Woort „Buchel" sall sogor in Angeln bruukt warrn. Dat Woort is genauso bildt as hoochdüütsch „Eichel".

Dorna heff ik in dat „Etymologische(s) Wörterbuch der deutschen Sprache" nakeken ünner Eckern. Dor steiht, dat Ecker ut dat nedderdüütsche „ecker" för „Eichel" entlehnt is. Sodennig is de Buchecker de „Ecker", de „Eichel" vun de Böök. An de Steed ward uk henwiest op de Buchnuss (Booknööt). Dat Woort Buchnuss ward in Oostmiddeldüütschland bruukt. In Österriek heten de Bookeckern „Buchnüssl".

As Kroon vun't Ganze funn ik in't Internet: „Die Bucheichel, plur. die –n, die dreyeckige Frucht der Rothbüche, welche nicht nur zur Mast der Schweine gebraucht wird, sondern ein reichliches schmackhaftes Öhl gibt …"

Dankeschöön

Nu gifft dat in unse Zeitung al twee Johr lang meist jede Wuch en Stück vun „Plattdüütsch leevt – Gedanken över plattdüütsche Wöör". Dorför much ik mi bi de Redaktion vun de sh:z bedanken. Ik segg uk en hartli „Dankeschöön" an Ju Lesers, dat I wiederhen ieverig mitmaakt hebben. So maakt dat Schrieven richtig Spaaß!

Lesers vun de Kolumne hebben sik immer wedder anstött föhlt, wat to de „Gedanken över plattdüütsche Wöör" bitostüern. To „etepetete" passt en Geschicht, de mi en Mann ut Husum vertellt hett: Sien Grootunkel is as junge Mensch na Hamburg trucken un dor „örntlich wat wurrn". He harr dat to en feine, grote Villa in en vörnehme Gegend vun'e Stadt bröcht. De Dochter wurr op't

Lyzeum schickt, dat se „Bildung lehren" dä. An en Sünn-dag weer för de ganze Familie Kirchgang anseggt. Vadder un Mudder harrn sik al antrucken un töövten ünnen in de „Halle" op de Dochter. De Vadder prahle de Trepp rop na sien Deern, wo se denn blots blieven dä. „Ich kleide mich noch an", keem de Antwoort vun baven dal. „Na, denn klei aver mal en beten to. Dat ward Tiet, dat wi loska-men", reep de Vadder na baven torüch.

Vör en Tietlang heff ik över „em" un „ehr" schreven. Wi Plattdüütschen bruken dat „ehr" öft ganz anners as de Hoochdüütschen siss „ihr" bruken doon. To dat Thema kreeg ik en Breef vun en Fru ut Schobüll/Husum. „Zur Ergänzung Ihrer letzten plattdeutschen Kolumne über das Possessivpronomen „ihr, Ihr" interessiert Sie viel-leicht folgender Briefabschluss: Vor einiger Zeit erhielt mein Mann von Herrn Reimer Bull diesen Schlusssatz unter seinem Brief: Mit hardli Gröten, Se Ehr Reimer Bull." Op Hoochdüütsch wurr dat wöörtlich heten: „Sie Ihr R. B."

Wi hier ganz in'e Noorden sind mit „ihr" noch um-ständlicher. Wenn dat um Besitz geiht, hangen wi dor so-gor noch en „s" an. Wi wurrn schrieven: „Seehrs" oder „Siss" R. B. Letzt heff ik schreven, dat „siss" wohl ut „seehrs" tosamentrucken is. Dat „s" an't Enn kunn aver uk bi beide Wöör för sik en Teken vun en Genitiv sien: As bi „Oma-s/Omas Huus" oder „Uwe-s/Uwes Auto" seg-gen wi „se-ehr-s = seehrs" oder „se-s = siss" Böker, wöörtlich op Hoochdüütsch „sie-ihre-s" oder „sie-s" Bücher in'e Steed vun „ihre Bücher".

Ik freu mi al op dat Nee Johr, wenn wi wedder mit-enanner över plattdüütsche Wöör nadenken un snacken könen.

Wat dat sunst noch to vertellen gift

In't Johr 2012 kreeg ik Bescheed vun de Zeitungsredaktion, dat de enkelte Stücken to „Plattdüütsch leevt" nu nich mehr so lang sien sullen. Mit de Tiet heff ik mi doran gewöhnt, dat ik bi't Schrieven nich mehr ganz sowiet uthalen kann. Allens, wat anners ward, kann aver uk sien Gudes hebben. In dit Book is sodennig Platz nableven för wat, wo ik mi selvst bannig för intresseren do. Ik freu mi, dat ik hier nu noch wat vertellen kann to de Themen „Plattdüütsch in Amerika" un „Utwannern na Amerika". Dormit heff ik mi de letzte dörteihn Johr veel befatet. Mitünner heff ik uk anner Lüüd wat dorvun vertellt. Mi düchte immer wedder, velen mögen geern wat hören över Land un Lüüd un besünners över de Plattdüütschen in Amerika. Dorför heff ik hier nu eniges to't Thema opschreven.

Plattdüütsch in Amerika

„Plattdüütsch in Amerika" un veles, wat dormit tosamenhangen deit, is en ganz spannende Geschicht. Mien egen Geschicht dorto fung an en Mondagmorgen in'e Winter 1999 op de Intensivstation in de Diakonissenanstalt in Flensburg an. Bit dorhen harr ik bi Wöör as „Plattdüütsch in Amerika" wiss blots en beten mien Nääs vertrucken un dacht: „Wat schall dat denn to?" Aver an de Morgen hett dat Thema mi glieks mächtig tofaten kregen. Dat keem so: Dr. Henning Schmidt, Chefarzt vun de Neurochirurgische Klinik, weer jüst wedder torüch vun en Amerikareis. Na de Visite drücke he mi en Zettel in'e Hand mit de Naam, Adress un Telefonnummer vun de

Farmer Bill Storjohann ut Davenport in Iowa. Dor sull ik mi doch mal mellen.

Dr. Schmidt weer to en Fortbildung ween an de weltberühmte Mayoklinik in Rochester in Minnesota. Dorna weer he denn privat mitnahmen wurrn to en Drapen vun Nakamen vun Utwannerers ut Schleswig-Holsteen in dat Dörp Walcott in Iowa. Wo he gor nich mit rekent harr, meist all de Lüüd dor snackten Plattdüütsch mitenanner. „Ja, wi snacken am leevsten Plattdüütsch", harr Bill Storjohann seggt. „Dat hebben wi vun Kind an daan. Englisch hebben wie eerst in'e School lehrt. Aver schaad, wecken vun uns hebben nu veel vun dat Plattdüütsche vergeten. Un denn unse junge Lüüd! De wüllen överhaupt nich mehr Platt snacken! Kannst du uns nich een schicken, de uns helpen kann, dat wi uk unse Jungen dorto kriegen?" Henning Schmidt harr bi de Fraag glieks an mi dacht, un so keem de Zettel mit de Adress ut Iowa in mien Hand. En Adress vun en Amerikaner, de sik för Plattdüütsch intresseert, dat weer je spannend!

Liekers dachte ik eerst, mit so'n beten Plattdüütsch an'e Mississippi, dor kunn doch wiss nich allto veel mit los sien. Aver vull vun Nieschier sette ik mi deselve Dag noch hen un schreev en korte Breef op Englisch. To telefoneren, dat riskere ik nich. Denn mit mien Englisch is dat nich sowat Dulles. Un dat amerikanische Plattdüütsch, dat true ik noch veel weniger. Wecke Wuchen later kreeg ik en Anroop ut Iowa. An't anner Enn weer Bill Storjohann, un he snacke en wunnerbore klore Holstener Plattdüütsch.

Bill weer jüst ferdig wurrn mit sien Fröhjohrsarbeit, mit Mais planten (dor seggen se „planten" un nich „seien"), un nu wull he dat gau regeln mit mien Plattdüütschünnerricht in Iowa. Ik kunn doch wiss anner Wuch kamen un se in Walcott en beten bi't Plattdüütsche helpen. Dat ging bi mi natürlich nich so op'n Stutz. Ik sä, ik kunn villicht in'e Juni mal veerteihn Daag Urlaub krie-

84

gen. „Nee, dat nützt nix. Denn is dat bi uns veel to hitt. Denn könen wi je gor nich denken", kreeg ik to Antwoort. „Ja, un in'e Harvst?" „Nee, dor möten wi Koorn (Mais) un Soybeans (Sojabohnen) oornen." „Denn möten wi wohl töven bit to de Winter", mene ik dorop hen. „In'e Winter is dat veel to koolt. Denn könen wi nich ut Huus."

Vör dat ik wieder vertell, wüll ik gau en beten seggen över de Geografie un dat Klima vun Iowa. Denn sind all Bill sien Bedenken beter to verstahn.

De Bundesstaat Iowa liggt in de Mittlere Westen vun Amerika twischen de Mississippi un de Missouri op de glieke Bredengrade as bi uns Mittel- un Süditalien. Blots Iowa hett Kontinentalklima, un deswegen kann dat dor in'e Summer mitünner unklook hitt un in'e Winter kann dat evenso unklook koolt warrn.

Dat höre sik all nich so eenfach an, aver wi kregen uns an't Enn liekers enigt, dat ik in'e Harvst kamen sull. To de Tiet harr nämlich Yogi Reppmann, en Historiker ut Flensburg, en Bustour dörch de Mittlere Westen plaant, „auf den Spuren der Auswanderer aus Schleswig-Holstein." An't Enn vun de Tour sull dat noch to en „Düütsch-Amerikanische Plattdüütschkonferenz" na Wausau in Wisconsin gahn. Vun dor kunn ik denn je mit mien Gastgevers in't Auto mitreisen na Walcott/Iowa. Dat weer allens prima plaant.

Plattdüütsche „Nester" in Amerika

Op de Rundreis op de Sporen vun Utwannerers hebben wi veel to sehn kregen in de Bundesstaaten Minnesota, Nebraska, Iowa un Wisconsin, un wi hebben dorbi al allerhand Plattdüütschen kennenlehrt. Een Deel heff ik op so'n slags Reisen immer wedder faststellt: De grote

Welt kann mitünner ganz lütt sien. Op de Plattdüütsch-konferenz do in Wausau sprook mi en Fru an, dat wi beiden doch wohl in Flensburg op deselve School Abitur maakt harrn. Se weer as junge Fru na Michigan utwannert. Dat de Welt so lütt sien kann, kummt in disse Fall natürlich dorvun, dat de Düütschstämmigen in Amerika tosamenholen doon. In'e Band „Plattdüütsch leevt" heff ik letztjohrs je uk al en poor Geschichten vun Drapens vertellt, de man meist nich gloven kann.

En richtige „Nest" vun Schleswig-Holsteners is in Scott County in Iowa an'e Mississippi. De Kreisstadt vun de Kreis Scott County is de Havenstadt Davenport. Dor sind in'e 1800er Johren ganz vele Inwannerers ut Schleswig-Holsteen na en lange Schippstour quer över de Atlantik un denn de Mississippi rop endlich an Land gahn. Annern sind vun New York her quer dörch't Land na Davenport kamen. De Inwannerers versöchten, glieks dor in de Gegend wat vun dat besunners fruchtbore Prärieland in Iowa aftokriegen. In't negenteihnste Johrhunnert keem sogor mal de Idee op, dat Scott County doch gut „Nie-Schleswig-Holsteen" heten kunn. Dor is denn aver doch nix vun wurrn.

Hüüttodaags könen wi in dat Museum in Davenport veel vun de Inwannerungsgeschicht to weten kriegen. Bedreven ward dat Museum vun de American-Schleswig-Holstein Heritage Society (ASHHS). Eniges to dat Thema ASHHS heff ik al schreven in de Stücken över de Plattdüütschkonferenz 2012 in Aurich (Siet 60 bit 66) und in de Band „Plattdüütsch leevt" (Siet 85 bit 94). Dat „Heritage" is dat „geistig-kulturelle" Arvdeel, wat de Nakamen vun Inwannerers mit dat ole Heimatland verbinnen deit. Je öller de Lüüd warrn, je mehr kriegen velen vun se en Lengen na de Heimat vun de Vörfohren. En grote Rull speelt bi dat „Heritage" de plattdüütsche Spraak, ganz besünners bi de, de in'e Kinnertiet noch Plattdüütsch snackt hebben.

Ganz wichtig sind för Amerikaners de „roots", de Wurteln in Familie un Landschaft. Deswegen bedrieven velen utföhrlich Familien- un Ahnenforschung. Dat geiht hüüt över Internet. Aver de Amerikaners reisen uk veel na Düütschland un studeren hier Kirchenböker un anner Archivünnerlagen dörch. Männicheen Amerikaner weet beter över sien Vörfohren un sien wietlöftige Verwandtschaft in Schleswig-Holsteen Bescheed as wat de Hiesigen hier tohuus dat doon.

Eenmal in't Johr organiseert de ASHHS en Düütsch-Amerikanische Plattdüütschkonferenz, immer umschichtig an en Steed in'e Mittlere Westen vun Amerika oder in Schleswig-Holsteen. Op so'n Konferenzen geiht dat uk um Plattdüütsch. Aver licht evenso veel wüllen de Deelnehmers sik dor eenfach mit ole Frünnen un Verwandten drapen un nieen kennenlehren.

Fröher kunnen de Konferenzdeelnehmers sik dörchweg gut op Plattdüütsch verstännigen. De Nakamen vun Utwannerers ut Schleswig-Holsteen könen keen Hoochdüütsch un de öllere Lüüd hier bi uns könen keen Englisch. Aver all kunnen se so veel Plattdüütsch, dat se över allens, wat se wullen, mitenanner snacken kunnen.

Middewiel sind de Plattsnackers in Amerika aver böös wenig wurrn, un so ganz gut is dat bi uns uk nich mehr överall um dat Plattdüütsche stellt. Dorför hebben wi nu de meiste Tiet bi de Drapens en poor Lüüd dorbi, de hen un her översetten könen. De Plattdüütschkonferenzen warrn immer noch gut un geern besöcht, un achterna ward jedes Mal noch lang dorvun snackt.

Plattdüütschünnerricht in Walcott

Nu wüll ik aver endlich vun mien Plattdüütschkursen in Walcott/Iowa vertellen. Een Wuch sull de eerste Kurs duern, un ünnerbröcht weer ik bi dat Ehepoor Lee un Mary Ann Muller. Fröher is de Naam vun de Familie natürlich „Müller" ween. Aver in Amerika gifft dat keen Bookstaav „ü", un so is dor „Muller" ut wurrn. De Ünnerricht sull in de „Legion Hall" sien. Legion Halls sind Versammlungshüser för all de, de bi't Militär ween sind. „Legion" is bi uns je uk en Begriff vun't Militär. För Amerikaners sind Legion Halls ganz wichtige Gebüden. De Handwarkerarbeiten dorto, de maken de „Legions" vun de Bezirk all tosaam, un dat Material för de Gebüden laten se sik ruhig en beten wat kosten. In Walcott is de Legion Hall en feine Tekelsteengebüde mit smucke Intarsien in de Holtdelen. In de bövere Etage vun dat Gebüde sind de ASHHS-Rüme mit Köök, Büro un en grote Bibliothek. An'e Wand hangt en grote Landkoort vun Schleswig-Holsteen mit vele Sporen vun Wiesfingers un mit Knoopnadeln an all de Steden, vun wo Utwannerers na de Gegend vun Walcott kamen sind. In all de Rüme gifft dat Biller vun Bredenbek (Kreis Rendsburg-Eckernförde). Denn de Dörper Walcott un Bredenbek hebben al siet enige Johren en Partnerschaft mitenanner. En Ehrenplatz in de Bibliothek in Walcott hebben uk Biller vun en bekannte amerikanische Filmschauspeler mit de Künstlernaam Eric Breden. He is as Hans Gudegast in Bredenbek opwussen un in'e föfftiger Johren as ganz junge Mann na Amerika utwannert un hett dor as „Eric Breden" Filmkarriere maakt.

In de Bibliothek in de Legion Hall sull ik jede Avend mien Plattdüütschkurs afholen. Een Ünnerscheed twischen mi un de typische Amerikaners wiese sik al glieks, as ik tofoots na de Legion Hall gahn wull (umbi 800 Meter). Ik harr mi op Bewegung un frische Luft freut. Aver för so en „lange" Weg nimmt man doch dat Auto! De eerste Dag bleev mi nix anners över as mit mien nette Gastgevers mit to fohren. In'e Loop vun de Wuch wurr ik denn aver doch to de komische Fru ut Düütschland, de immer tofoots dörch't Dörp leppt un sik nich mal vun fründliche Autofohrers helpen un tohuus bringen lett. Um Klock söss weren dor umbi twintig Männer un Fruuns vun knapp 60 bit to meist 80 Johr rop. Aver vun de junge Lüüd, de ik begeistern sull för dat Plattdüütsche, dor weer nix to sehn. Dat funnen de Ölleren nu aver gor nich so slimm. Denn velen vun se wullen bi sik selvst geern dat Plattdüütsch wedder en beten opwarmen.

De Geschichten, de mien „Schölers" vun sik vertellten, höörten sik all täämlich eenst an. De Grootöllern weren al vör 1900 ut Schleswig-Holsteen utwannert un harrn sik in Iowa en Farm erarbeidt. De Öllern mussten hart op de Farm arbeiden. Uk de Mudder weer meist mit op't Feld. As mien Schölers in de 1930er un 1940er Johren Kind weren, bleev de Grootmudder binnen in't Huus un passe de lütte Kinner. De Grootmudder weer in Amerika nich veel ut Huus kamen. So kunn se, uk wenn de Inwannerung al umbi föfftig Johr torüch leeg, immer noch blots Plattdüütsch. De meisten vun mien Schölers harrn, bit se to School kemen, uk man immer Plattdüütsch snackt. In de School mussten se denn ganz gau Englisch lehren. De Inwannererkinner in Amerika hett dat mit Englisch jüst so gahn as velen in mien Öller bi uns mit Hoochdüütsch.

Na de Kinnertiet hebben wecken nich mehr allto veel Plattdüütsch snackt. Denn in'e beide Weltkriegen un in'e ganze Hitlertiet weer in Amerika dat Düütsch- un uk dat Plattdüütschsnacken streng verbaden. Wenn een dorbi faatkregen wurr, kunn dat ganz böös utgahn. So is in vele Familien nich mehr Plattdüütsch snackt wurrn, alleen al, dat de Kinner sik nich in'e School verplappern dään. Wecken aver sind liekers siss ganze Leven bi dat Plattdüütsche bleven. Dat geev lang noch en Trupp vun Farmers, de jede Dunnersdagmorgen um Klock söss mit siss Pickup na Mc Donalds an de Autobahnraststeed fohrten to fröhstücken un dorbi dat Nieeste vun'e Wuch op Plattdüütsch besnackten. En poormal bin ik mit ween to siss urige Stammdisch. In'e Plattdüütschkurs hebben wi jede Avend veel Spaaß hatt, un för mi weer dat örntlich intressant. Öft kunn ik ruthören, ut wat för'n Deel vun Schleswig-Holsteen de Vörfohren utwannert weren. An de brede Vokale kunn ik de Dithmarschers kennen, ener mit en ganz klore „a" keem vun Fehmarn, un een Fru sprook en scharpe „s", so as de Dänen dat doon.

Am schöönsten weer dat immer, wenn mien Schölers sik op wat besinnen dään, wat fröher seggt wurrn weer. De Sätze hebben wi denn gemeensam tosamenstückt. Mitünner keem en lütte Gedicht dorbi rut:

Hupp, dideldupp, Kartüffelsupp,
morgen kummt mien Tante,
gifft mi en Sack vull Düdellüdellüüd,
denn segg ik „Danke".

Kathy wull weten, wat ehr Vadder wohl meent harr mit de Satz: „De Kater is root". De Antwoort weer: Bi all de Katten, de root in siss Fellfarv hebben, sind de Katers immer ganz root. De Katten hebben uk graue un witte Placken dormank.

Besünners veel Spaaß harrn wi bi Wöör, de op beide Sieden vun't grote Water wat verschedenes bedüden. To dat amerikanische Woort „Corn" vertelle Jean Mumm en lustige Geschicht: Se weer in en Summer mit de Zug dörch Oostholsteen fohrt. De ganze Tiet harr se al mit de Lüüd in't Avdeel vergnöögt Plattdüütsch snackt, uk doröver, dat Weten un Garsten so gut wussen weren. Denn wull een vun de Düütschen vun ehr weten, ob dat Koorn bi ehr tohuus uk so gut stunn as hier an'e Bahnstreck langs. Dor kunn se nix to seggen. Denn se harr hier noch gor keen „Corn" sehn. Dorto mutt een weten, dat bi uns je dat Woort „Koorn" för „Getreide" ganz allgemeen steiht (Rogg, Haver, Weten un Garsten). Mais tellt bi uns aver nich to Koorn. Dat ward bi uns as Silofudder bruukt.

Ganz anners is dat in Iowa. Dor is dat „Indian corn", de Mais, dat, wat op't Land am meisten anbuut ward. Mais ward sogor an de Börs in Chicago hannelt. Wenn de Mais riep is, fohren mehrere riesige Meihdöschers opmal op een uk riesige Feld to Ernte. De Mais ward dorna entweder in mächtig hoge Silotürme inlagert oder de ward mit Tankwagens an de Mississippi bröcht un dor in grote Verbände vun Lastkahns de Mississippi dalschippert bit New Orleans. Vun dor geiht de Mais, dat „Corn" ut Iowa, op Tankscheep över de Atlantik in de ganze Welt. In'e Harvst de Maistransport op de Mississippi to bekieken, is en Beleevnis för sik!

So as Jean un de Ostholsteners in de Zug an enanner vörbisnackt harrn, hett dat na de Krieg gahn twischen „offizielle" Amerikaners un Düütschen. Vun Amerika ut keem de Fraag, wat de Düütschen do in de Hungertiet am dullsten bruken dään. De Düütschen wullen geern Koorn hebben to Brootbacken. Bi de Nafraag na „Koorn" hebben de Amerikaners siss Woort „Corn" verstahn, un foorts wurrn grote Mengen an Mais losschickt na Düütschland. Wi Ölleren hebben wiss all noch de pappig-dröge Bigesmack vun dat dore gele Maisbroot in'e Mund. Wi op't Land kregen bald wedder „normale" Broot ut egen Rogg. Aver in'e Stadt hebben sik do de Lüüd sachts noch längere Tiet mit dat dröge Maisbroot begnögen musst.

In'e Bibliothek vun de Legion Hall harrn wi uns immer wedder wat Intressantes to vertellen. Dor wurr so snackt as't grade keem. Dat weer je uk veel netter, as sik pingelig mit Grammatik to befaten. Wenn een vun sien „Koor" snacke, denn weer kloor, dat he sien „car" (Auto) un nich villicht sien Schuufkoor mene. Oder wenn een uns alltohoop begröten dä mit: „Wo geiht di dat?“, denn weer uk kloor, dat he keen Ünnerscheed wusste twischen „di“ un „ju“. Wo sull he uk? Op English heet dat beides „you“.

An disse Steed wüll ik geern noch en Bispill geven för original Iowa-Platt. Dat do ik mit en Deel vun en lütte Vördrag, de Glenn Sievers 2003 op de Plattdüütschkonferenz in Manning/Iowa holen hett. Ik harr dormals em un wecken mehr vun mien amerikanische Frünnen beden, wat to vertellen över de Utwannerung vun siss Vörfohren. Glenn Sievers hett de Text sogor selvst opschreven. Dor freu ik mi ganz besünners to. Uns fallt dat Plattdüütschschrieven all sweer noog. Aver wenn een sunst blots englisch schrifft, denn mutt de dat dorbi je noch veel surer hebben. Liekers hett Glenn Sievers en richtig feine Bericht över de Utwannerung vun sien Grootvadder torecht kregen:

Johann Sievers Ries tau Amerika – 1873

„Ick vill de nu wat vertellen vun mien Grussvader, wenn he hett utwannern tau USA! Johann vehr geburen inn 1854 inn Bergenhusen, dicht bi Kropp, Wohlde un Alt Bennebek. Dat liggt 20 km N.W. vunn Rendsburg. Johann Sievers wehr negenteihn johr olt, wenn he utwannern hett. Dat tiedt inn S/H wersen ganz slecht! Keen abeit un ook nee veel tau eten.

Grussvader Sievers vul geern wat beter socht inn America un dat hett ook doon. Johann harr $90.00 dolar heeg un hett sien grote kuffer tau America hin schick. He harr nich genog öwer vur sien fohrkort tau koopen. Johann hett denn in de kuffer kreepen, jüst as sunn Blinder Passagier. Wenn de shipp rut tau sea wersen, Johann hett utkreepen vun sien kuffer. Der Kapitan hett hem utfunnen un hett hem bescheed seggen hei mut abeiten as sunn seaman, oder tohuus swem, un dat wull he absluut nee. Dat kuffer sett nu inn de dachstuuv inn mien huus hier inn Scott county, Iowa.

Achter Johann hett ankomm in New York, he hett mitt de iesenbohn hinn föhrt to Davenport, Iowa. Dor hett he een stuuv meited un hett abeit be de strott tau fegen un rein mokt.

Johann harr bloss $90.00 in sien taschen un dat hett een inbreker stohlen de twete dag. He kunn keen inglisch lesen oder snacken, ovas he kunn dutig abeiten un sien gelt spooren, un dat hett he ook ferdig mokt vur de nexte twee weeken."

Dat is de Anfang vun de Utwannerungsgeschicht vun Glenn Sievers sien Grootvadder. Wenn een bedenkt, dat in't Englische meist allens kleen schreven ward, dat de Satzstellung anners is as bi uns un dat Bookstaven öft anners utspraken warrn, denn kann een sik dat meiste vun de Text utspikeleert kriegen. Över en Woort as „heeg" mutt een villicht en beten länger nadenken. Dat kummt vun dat ole Woort „hegen" un bedüüdt „sporen". Ole plattdüütsche Wöör, de wi hier gor nich mehr bruken doon, hebben sik in Amerika mitünner bit hüüttodaags holen. Dat is en ganz spannende Kapitel för sik.

Wat ward ut dat Plattdüütsche in Amerika?

Veermal bin ik in Walcott ween to Plattdüütschkursen. De meiste Malen weer ik op de selve Reis to en Düütsch-Amerikanische Plattdüütschkonferenz. Ik heff mi in Walcott bald tohuus föhlt, heff en Masse to sehn kregen un nette Lüüd kennenlehrt.

Jüngere Amerikaners hebben wi aver praktisch nich an't Plattdüütsche ran kregen. Dor kemen mitünner mal wecken in de Kurs, weil de Öllern oder Unkel un Tante se lecker maakt harrn dorop. Aver för de Jüngeren is Plattdüütsch en reine Fremdspraak. Bi se is keen Verbinnung twischen plattdüütsche Spraak un Kinnertiet. Wenn se en

93

Spraak lehren wüllen, denn sall dat bi de Jüngeren lever Hoochdüütsch sien.

Dat de Ölleren so geern mitmaakten bi't Plattdüütschsnacken leeg jüst dor an, dat mit de Wöör un Snacks ut de Kinnertiet uk de Lüüd wedder vör se stunnen, de dat dormals seggt harrn. Glenn Sievers is de Mann, de de ASHHS wohl am meisten vöran bröcht hett. He seggt op de Fraag, worum he so an de plattdüütsche Spraak hangen deit: „De is in mien Hart."

So schön de gemeensame Tieden mit Plattdüütsch in Walcott/Iowa uk weren, hebben wi de Plattdüütschkursen na 2003 doch wedder instellt. Middewiel sind de „echte" Plattdüütschen in Iowa orrig weniger wurrn un enige Lüüd könen uk nich mehr so recht reisen.

Siet de ASHHS sik um dat Plattdüütsche in Amerika kümmern deit, sind aver uk wecke „echte" Plattsnackers dorto kamen. Dat sind Lüüd, de in unse Generation, meist in de 1950er Johren, utwannert sind na Amerika un sik nu in't Öller bi ASHHS mit ansloten hebben. Bi disse Generation vun Inwannerers is dat mit de plattdüütsche Spraak ganz anners lopen as bi de, de fofftig oder hunnert Johr fröher utwannert sind. De fröhere Utwannerers hebben meist in Kolonien tosamen leevt mit Verwandten un Nachboorn ut de ole Heimat. So hebben se noch över Generations in de Familien Plattdüütsch snackt. In de 1950er Johren hebben de Inwannerers vun vörnherin tosehn, dat se Arbeit kregen. Dorto mussten se englisch snacken könen. Wenn en Mann amerikanische Staatsbürger warrn wull, denn musste he sogor eerstmal för twee Johr to't amerikanische Militär. Sodennig bleev dor nich mehr veel Platz för dat Plattdüütsche. Uk wenn Mann un Fru villicht noch Plattdüütsch mitenanner snacken dään, wurr in de junge Familien mit de Kinner sofoort Englisch snackt. Meist keen vun de Kinner vun de Utwannerers ut unse Generation kann noch Hooch- oder gor Plattdüütsch snacken. An disse Steed kann een sik jüst mal vörstellen, wo de Öllern vun de Utwannerers wohl to-pass ween sind, wenn se sik bi de wenige Besöken nich mal mit de Enkelkinner ut Amerika verstännigen kunnen.

Noch so wiet ward de „plattdüütsche Fahn" in Amerika hooch holen, un op de Plattdüütschkonferenzen geiht dat intressant un vergnöögt to. Aver so sinnig mutt een uk an de trurige Satz denken: „Allens hett sien Tiet." In Amerika ward dat wohl mit „Plattdüütsch leevt" baldmal vörbi sien. De Gedanke sull uns in Noorddüütschland dorto bringen, dat wi hier bi uns allens, wat wi könen, doon, dat de Satz „Plattdüütsch leevt" noch mööglichst lang wohr blifft.

De Geschicht vun't Utwannern na Amerika

Je mehr ik mit de plattdüütsche Frünnen in Iowa to doon harr, je mehr wull ik geern to weten kriegen över de Geschicht vun't Utwannern. Worum sind fröher so vele Menschen utwannert? Wodennig is de lange Reis vör sik gahn? Wie hebben de Inwannerers dat Land, to'n Bispill in Iowa, vörfunnen? Wo hebben se dat torechtkregen, dat se un siss Familien dor op de Duer leven un existeren kunnen? Dat se en grote Risiko op sik nahmen hebben un dat allens nich eenfach wesen is, dat is vun vörnherin kloor.

Mien amerikanische Gastgever, Lee Muller, kunn sik för dat Thema genau so dull begeistern as ik, un he hett ieverig Böker, Biller un Zeitschriftenartikels tosamensöcht, besünners uk över de spannende eerste Tiet, so vun 1830–1860.

Grünne för't Utwannern

De Hauptgrund weer Armoot. In de grote Familien kunnen de Öllern de Kinner öft nich mal richtig satt kriegen. To verarven geev dat nix, un de Kinner mussten sik selvst en Existenz söken.

Wunsch na egen Land: Vele Lüüd wullen nich mehr för wenig Lohn bi en Deenstherr arbeiden. Se wullen selvst (egen) Land hebben.

„Industrielle Revolution": Männicheen Handwarksmann wurr nich mehr bruukt. Sien Arbeitskraft wurr vun Maschiens ersett.

Militärdeenst: Enige Mannslüüd wullen nich för de dänische König in de Krieg trecken un uk later nich to dat preußische Militär.

Anner Ansichten in Politik un Religion: Dat mit de Politik hett besünners na 1848 en grote Rull speelt.

Angst vör de Politi: Wecke Lüüd kunnen sik hier nich mehr sehen laten. Se harrn wat daan, wo se för bestraaft warrn kunnen.

„Abenteuerlust": Wecken wullen eenfach wat beleven un in Amerika dat grote Glück maken.

„Lockroop" na Amerika: Wecke Lüüd kregen in Breven vun Verwandten oder Frünnen, de al in Iowa weren, vertellt, wo gut dat Leven dor weer. De fröhere Utwannerers trucken anner Lüüd achterna.

Worüm wannerten vele Schleswig-Holsteners jüst na Iowa ut?

De Bundesstaat Iowa midden in de Mittlere Westen is en ganz fruchtbare Land. Dor geev dat immer noog Water un, na de Iestied, uk noog Wärmde. Dor is Lehm- un in'e Noordwesten sogor Lössboden. Över Dusenden vun Johrn hett in Iowa Präriegras wussen. Jede Harvst is dat Gras baven de Eerde afsturven. In't Fröhjohr is denn ut de ole Wurteln niee Gras utschoten. So is mit de Tiet en ganz dicke Schicht Muttereerde tostann kamen, öft bit to een Meter deep. Bald ganz Iowa is na unse Maten 100-Punkte-Land.

To dröge Harvsttieden keem täämlich öft Füer in dat Präriegras. So brennten jede Johr grote Flächen Prärie af, uk de lütte Böme, de villicht graad anfungen harrn to wassen. Blots an Fluss- un Seekanten, wo dat wat natter weer, dor bleven grote Böme stahn. Aver sunst weer överall kahle Prärie. Dat Land weer flach un sehg so ähnlich ut as de Heimat, meist so as de Marsch. Dor wullen de Schleswig-Holsteners wohl leven, am leevsten in de Neegte vun Verwandten oder Bekannten vun tohuus. As ik al sä: In de Gegend vun Davenport an de Mississippi, in Scott County, sammelten sik ganz besünners veel Lüüd ut Schleswig-Holsteen an.

Eerste Inwannerers in Iowa

An'e Anfang vun't 19. Johrhunnert weren in de Mittlere Westen Prärieflächen ohn Enn frie wurrn. 1803 harr Präsident Jefferson en riesige Territorium westen vun de Mississippi vun Frankriek afköfft. In'e Geschichtsböker heet disse Hannel „Louisiana Purchase". De Fläche vun de USA wurr dordörch dubbelt so groot, as'n vörher ween weer. De Indianers, de dor bit dorhen in un vun de Natur leevt harrn, wurrn „umsiedelt" un sullen in Reservate op veel ringere Land sehen, wo se torecht kemen.

President Jefferson kunn dat sotoseggen nich mit ansehn, dat dat Land vun de Indianers so wenig nutzt wurr. Disse Urinwohners ernährten sik je eenfach so in'e Natur, ohne dat se dat Land kultiveerten. Dorför, düchte Jefferson, weer dat Land to schaad. He harr en grootoordige Idee: Överall in de Prärie sullen flietige Buern dat Land kultiveren un bewirtschaften un sodennig op Duer en sichere Existenz kriegen. He mene, dat dat in 28 Generations to schaffen weer. Jefferson harr recht dormit, dat ut dat Prärieland fruchtbore Land warrn kunn. Aver dat Besiedeln hett veel gauer gahn, as Präsident Jeffersen dacht harr. Na Jefferson sien Prognoos harr dat noch bit to dat Johr 2500 duert, bit de ganze Prärie in Amerika kultiveert sien kunn.

Dat Leven vun de eerste Inwannerers

Na dit wiede Prärieland, menschenleer, ohn Boom un Struuk, keen Schutz vör Snee un Storm un Hitten, kemen vun 1830 an Lüüd ut Schleswig-Holsteen. Se weren mööd un uttährt vun de lange Reis. Alleen de Tour op't Segelboot harr 6 – 8 Wochen duert. Dorna weer de Reis över Land oder op Flüsse wiedergahn. Öft noog hett dat wiss Inwanners nich veel anners gahn as Glenn Sievers sien Grootvadder: Se sind al glieks, as se in Amerika ankemen, beklaut un bedragen wurrn. Besünners in de Havenstädte dreven sik allerhand Banditen um un boden gegen Geld twiefelhaftige Deensten an.

Uk wenn de Anreis gut gahn harr, harrn de mehrsten vun de Inwannerers nich mehr veel över vun dat, wat se villicht vun tohuus mitnahmen harrn, wat to eten, Tüüch, Bettüüch, Gerätschaften un Geld. Öft kemen se mit en ganze Reeg Kinner an. Nu mussten se eerstmal en Dack över de Kopp hebben. För de allereerste Not hebben se sik Höhlen (dugout) graavt an Schreegkanten in't Land, an Flüsse oder Seen. So gau as't ging, buten se sik denn lütte Gebüden över de Eerde. Natürliche Steens gifft dat in Iowa meist gor nich. So mussten de Inwannerers sik anner Bumaterial söken: Holt oder Grassoden. Holt to Buen un uk as Füerung weer in'e Prärie ganz knapp. Dat geev dat meist blots an Flüsse un Seen.

För gewöhnlich buten de Inwannerers sik eenfache Hüser mit Wände ut Schichten vun Grassoden (Sodhouse). Döör- un Fensterrahms weren ut Holt, un de Löcker twischen Sodenmuer un Holtrahmen wurrn dichtstoppt mit Grasbüschels oder Plünnen. As Fensterschieven harrn se öölte Papier un später uk Glas. De Sodenschichten op't Dack wurrn holen vun Sporen ut Wichel- oder Zedernholt. Vun ünnen wurr dat Dack enigermaten waterdicht maakt mit en Schicht Segeldook (Canvas). De dichtere Teerpapp för't Dack geev dat eerst Johren later to kopen. So'n Sodenhuus heel ungefähr söven Johr. Denn weer de Eerde mank Gras un Wurteln utwuschen, un de Hüser sackten in sik tosamen.

Wenn de Inwannerers noog Holt tosamen kriegen kunnen, maakten se sik geern Blockhütten ut Boomstämme (Eken, Walnööt- un Hickorynöötböme). Vun binnen helen se de Wohnruum warm un dröög mit Pelzen vun Büffeln, Hirschen oder Rehn.

So gut as't ging, fungen de Inwannerers glieks mit de Landwirtschaft an. De Regerung harr se toseggt, dat se sik en Stück Land utsöken un dat urbor maken un bewirtschaften kunnen. Se sullen blots de Grenzen kenntlich maken mit Pahlen oder Steenhupens. Dormit sullen se en Recht dorop hebben, dat se later dat Land kopen kunnen. Disse Lüüd, de dat Land mit Beslag beleggten, wurrn „Squatters" nöömt. „Squatten" is dat Woort för „Landgrenzen afsteken". De Siedlers durven sik bit to 160 acres nehmen, dat sind 64 ha. Denn kunnen se losleggen. De Flächen, de se sik aftekent harrn, wurrn as „claims" betekent. Dat is en Woort för „anfordern" oder „Anrecht". För Siedlers gull do de Bestimmung: En Siedler musste op sien Claim en Wohnstatt för sik un de Familie schaffen un dat Land bewirtschaften. Denn kunn he na fief Johr för en lütte Verwaltungsgebühr dat Land as sien egen kriegen. De Utsicht op 64 Hektar fruchtbore Land hett natürlich vele Siedlers Hoffnung maakt un se andreven bi de sure Arbeit.

De allereersten Siedlers hebben dat Land mit en Oort Spaad bearbeidt. Aver öft kunnen se mit de Spaad nich in dat Flechtwark vun Wurteln rinkamen un Maiskoorns seien. Wecken hebben mit en Axt Löcker in de Eerde haut un dor de Maiskoorns rinleggt. Man kann sik dat bald nich denken, aver dat Koorn wuss, un na een bit twee Johren kunnen de Menschen sik dorvun ernähren.

Recht wat fixer ging dat mit dat Kultiveren, as se eerstmal en „Breekploog" harrn. Dormit kunnen se de faste, tage Eerde opbreken. De Breekploog, en Ploog mit en Schoort ut rostfrie Stahl, is dat wichtigste Arbeitsgerät wurrn för de Kultiverung vun Ödland op de ganze Welt. John Deere hett 1837 de Breekploog erfunnen un dormit in Moline/Illinois ganz neeg bi Davenport, de Grundlaag leggt för de Weltfirma mit sien Naam, de hüüttodaags noch rund um'e Welt existeren deit. De Vördeel vun de Breekploog is, dat de smerige Eerde nich an'e rostfrie Ploogschoort backen blifft, so as dat bi de rostige Schoorten ut fröhere Tieden ween weer.

Liekers weer dat Plögen Sweerarbeit. Twee Mann un acht bit teihn Ossen bruukten se opmal för een Ploog. So en Breekploog mit Ossen un twee Mann kunnen de Siedlers uk hüren. Man dat koste meistens mehr as naher de Kooppries för dat Land.

De Inwannerers kregen mit de Tiet immer mehr Land ünner de Ploog. Wenn se in de wiedere Johren plöögten, denn weer dat al wat lichter. Se seiten nu uk Sommerweten (de bröchte veel in) un Haver. En grote Deel vun't Koorn weer, as hüüt uk noch, dat „Indian Corn", dat „Indianerkoorn", de Mais. Wat later bröchten se denn uk annere Saat, de se vun tohuus her kennten, in de Eerde: Rogg, Garsten, Bookweten un Kartüffeln. Wo dat natt noog weer, buten se chinesische Zuckerrohr (Sorgum) an. Dat is en Oort Hirse mit en hoge Zuckerandeel. De Tiern, Ossen, Köh, Peerde un Swiens lepen toeerst all frie in de Prärie. Jede Farmer maakte en bestimmte Teken in't Ohr vun sien Tiern.

So kemen de Inwannerers sinnig togangs. Man se harrn dat wohrhaftig suer dorbi. Solang as se gesund weren, ging dat. Doch velen kregen mit de Tiet „Wesselfever", dat is Malaria. Dat Fever kümmt alle poor Daag wedder. Se harrn en Slagwoort: „Shaking and working", dat heet: Schütteln un arbeiden. Se mussten de Tiet twüschen de Schüttelfrost, se nennten dat uk Feverfrost, nutzen för siss swere Arbeit. In de 40er un 50er Johren kemen noch anner Schreckenskrankheiten (dreaded diseases) dorto, de Cholera un de Pocken. En Dokter weer in dat wietlöftige Land nich rantokriegen.

Günstig weer, dat se sik vun anfang an um dat Eten keen grote Sorgen maken mussten. Dat geev vele wilde Beeren to sammeln, un uk Plummen un Holtappeln. Ut Mais kunnen se Broot, Brie un Grütt maken. Fleesch geev dat noog ut de friee Wildbahn. Uk vundaag süht man in Iowa noch grote Flocken vun wilde Truthöhner un vun Rehn lopen.

Aver dat Leven weer för de niee Siedlers uk suer dörch dat Klima, in de Winter dörch de ieskolen Sneestorms. In de Summer kann dat plötzlich en Wetterumswung mit grulige Wirbelstorms geven. Mensch un Tier sind dörch ruge Wedder to Doden kamen, eenfach dootfroren oder se sind in'e Summer an'e „Iowa Heat", an en Hitzslag, sturven. Velen vun de Hüser sind umweiht un männich- mal is de Ernte verdurven.

De Inwannerers harrn an de meiste Steden in de ehema- lige Prärie uk grote Noot dormit, dat se nich genug Brenn- material för de Heerd un för en warme Stuuv in'e Winter beschafft kregen. Denn Holt geev dat je man blots ganz wenig. So sammelten de Siedlers Büffelmist un nehmen Maisstroh dorto. Man dat langte all nich wiet. De Farmers harrn wohl mit de Tiet vun seehrs Ernte wat över. Dat harrn se villicht gegen Füerung (Holt oder Köhl) intu- schen kunnt. Aver de Wege weren so wiet, dat sik dat nich lohnen dä. So kemen se op de Idee, dat Koorn selvst as Füe- rung to bruken, denn Maiskorns geven veel Hitten af.

Aver as de Siedlers dat Koorn verheizen dään, kregen se dat mit de Preesters to doon. Dat geev mitünner örnt- lich Schell vun de Preesters: Koorn weer för Mensch un Tier to eten dor. Koorn eenfach optobrennen, weer gegen Gott sien Willen, dat weer en swere Sünn. Dormit harrn de Preesters na seehrs Gloov un na de Bibelkenntnis je uk recht. Man för de Siedlers weer dat nu mal de günstigste Weg to heizen.

Uk för anner Menschen mussten de Siedlers sik mitün- ner wohren: Immer wedder kemen Landräubers. De wullen sik Mööh un Arbeit vun't Kultiveren sporen. Se wullen leevst dat Land övernehmen, wat annern al kulti- veert harrn. Een Mensch alleen, uk wenn he de gröttste Pioniergeist harr, weer in de Prärie opsmeten. So mussten de Siedlers tosamenholen. Se weren gastfrie, un se hulpen dörchreisen Lüüd, de sik wieder in'e Westen en niee Steed söken wullen.

De Siedlers weren kamen, weil se frie leven un nich en anner een sien Knecht sien wullen. Jedereen harr deselven Rechten aver uk deselven Plichten. Dat is de Wurtel vun de amerikanische Demokratie. De Grundsatz steiht bit hüüt in de amerikanische Verfaten.

1845: Iowa ward en Staat

1845 wurr Iowa as egne Staat in de Verenigten Staaten opnahmen. Ganz wichtig weer, dat dat in Iowa keen Sklaven geven sull, anners as in de Südstaaten vun de USA. En Jahr later (1846) weer in Iowa en bedüden „Staatsaktion" afsloten, dat grote Landvermeten, de Great Survey. Dat weer en Aktion, de güng dormals mehrere Johrteihnten lang över all de Staaten vun de USA mit de niee Besiedlung langs vun Oost na West. Dat ganze Land wurr opmeten in Quadraten vun een mal een Miel Grötte. So en Quadrat wurr en „Section" nöömt. En Section is na unse Maten also ungefähr 1600 m lang un breet. Dat is en Fläche vun 256 ha. Na amerikanische Maten sind dat 640 acres (een ha = $2^1/_2$ acres).

De Grenzen, de do in de 1840/1850er Johren fastleggt wurrn sind, de süht man hüüt noch ganz düütlich in Amerika: Alle Miel, dor, wo en Section toenns is, löppt en Straat. Meist geiht ok noch en Grandweg op de Grenz vun de Viertelsections. So sind siet 1859 de ganze USA opdeelt in vele, vele Rutens. Man kann Miel um Miel immer liekut fohren in dat ebene Land. Wenn man mit en Fleger över de USA flüggt, denn süht man vun baven dat Quadraatmuster op de Eerde. Vun baven kann man uk öft de lüttere Quadrate in de Oortschaften sehn. Wenn, wat selten vörkummt, in de Mittlere Westen mal en Straat schreeg un in Kurven dörch't Land löppt, denn geiht de meist op en ganz ole Indianerpadd torüch.

Bi de grote Landflächen (bit to 64 ha), de de Farmers al vun Anfang an hatt hebben, is de Besiedlung düchtig wietlöftig wurrn un bleven. Jede Buer harr sien Huus op sien egen Land. So weren dat in de Snitt immer 800 m bit to de Nachbar. Dörper oder anner dichtere Siedlungs geev dat eerstmal noch nich.

1862 wurr för de ganze USA en wichtige Gesetz beslaten. Dat weer de „Homestead Act", en Gesetz gegen

Landspekulation. Keen Farmer durf mehr as 64 ha Land hebben, un en Mensch, de sien Land nich selvst bewirtschaften dä, kunn överhaupt keen Land kopen. Dormit sull verhinnert warrn, dat Spekulanten grote Flächen billige Prärie opköfften, dat Land eenfach so liggen leten un dat denn Johren later, wenn de Flächen knapper wurrn, för veel mehr Geld wedder verköfften. Dorachter stunn aver uk, dat dat Land möglichst gau kultiveert un landwirtschaftlich nutzt warrn sull. Dele vun dat Gesetz gellen immer noch, hett man mi seggt. Aver hüüttodaags is uk in Amerika lang nich mehr all dat Land in private Hand.

Dat Grundmaat bi dat Landvermeten weer de Section, also de Quadraatmiel. Op een Section legen normalerwies veer Farms mit je 64 Hektar. Glieks bi dat grote Landvermeten wurrn de enkelte Sections uk noch opmeten in Viertel- un Viertelviertelsections. Dat weer naher wichtig in Oortschaften för Buland un Straten.

Uk de gröttere Verwaltungseenheiten gahen torüch op dat „grote Landvermeten", un de sind evenso över de ganze USA eenst. En Flach vun söss mal söss Mielen, also 36 Quadraatmielen is, uk hüüt noch överall in de USA, en Township, sowat as bi uns en Gemeende. In de Townships sind de Sections vun Norden na Süden dörchnummereert vun een bit sössundörtig. De Section Nummer 16 in en Township weer, enerlei in wat för'n Bundesstaat, immer för de School vörsehn. De Section Nr. 16 is täämlich in'e Mitt vun en Township. Dormit weren de Schoolwege för all de Kinner vun en Township enigermaten lieke lang. De 256 ha Land vun disse Section Nummer 16 wurrn verpachtet an de Feldnachborn. Mit de Pacht för dat dore Schoolland wurr dat Schoolgebüde un dat Gehalt vun de Schoolmeister betahlt.

24 mal 24 Mielen in't Quadraat, also 16 Townships, sind en County, uk hüüt noch. Dat entsprickt bi uns en

					Sec.
6	5	4	3	2	1
7	8	9	10	11	12
18	17	School 16 Land	15	14	13
19	20	21	22	23	24
30	29	28	27	26	25
31	32	33	34	35	36

Township = 36 Quadratmeilen

Kreis. In de USA is en „Kreis" (County) sodennig je överigens quadratisch! Dormals in de 1800er Johren is dat gesamte Territorium vun de USA so opmeten wurrn, dat man mit de Angaav vun County, Township, Sectionnummer un Nummer vun de Sectionandeel de Laag vun jedeen Grundstück genau angeven kann.

Mi beindruckt immer wedder, dat so en riesige Land as de USA togliek mit de Besiedlung na so'n faste System opmeten wurrn is, un dat man uk hüüt immer noch de Sporen vun dat Vermeten sehen kann: De snoorgraden Grenzen twüschen de Bundesstaaten, de lieken Straten vun Ost na West oder vun Nord na Süd, över Land un uk in de Ortschaften.

Anners as bi uns, wo de Menschen al siet vele Johrhunnerten in Dörper un Städte leevt hebben, geev dat in'e USA an'e Anfang meist keen Ansammlungs vun Hüser. All de Buernhüser legen wietlöftig över't ganze Land verstreut un immer enkelt op dat egne Land. De Straten lepen op de Besitzgrenzen. Dörper un Städte kemen eerst orrig wat later tostann.

105

Dörper in de USA

Dat mit de Tiet uk in Amerika Dörper entstahen sind, dor hett de Iesenbahn en grote Andeel an. Dat keem so: Vun de 1850er Johren an wurrn de Iesenbahnlinien vun Oosten her immer wieder över de Mississippi na Iowa rin un wieder na Westen to buut. Denn immer mehr Inwannerers kemen, un de mussten immer wieder na Westen trecken, wenn se noch Land to siedeln afhebben wullen. Alleen dörch Iowa gingen veer Iesenbahnlinien parallel vun Oost na West. Alle söven Mielen (~11 km) musste de Zug Water opnehmen för de Damplokomotiev. Dor musste also en Steed sien, wo Water bereit stellt wurr (en Soot, en Pump, en Gebüde un en Mensch, de dat all passen dä). Wenn de Zug anheel, kunnen uk Menschen in- un utstiegen un dor kunnen Woren in- un utlaadt warrn. Dormit weren de eerste Bahnhöfe entstahn. Bald leten sik rundum wecke Geschäftslüüd un Handwarksbedrieven dal. Hier un dor geev dat uk en Marktplatz un en Steed, wo een wat to eten kriegen un övernachten kunn. Oortschaften mit Marktplätze lockten immer veel Lüüd an: To Veehmarkt, to In- un Verkopen vun all mööglige Woren, eenfach to Vergnögen un Bekanntschaft sluten. „Fairs" weren bito uk „Heiraatsmärkte". In Dörper oder lütte Städte mit en Marktplatz setten sik geern Afkaten, Dokters, Geschäftslüüd un Lüüd, de sik op en besünnere Handwark verstunnen. Hier wurrn „Turner Halls" (Turnhallen) un „Liedercrantzhallen" buut un gröttere Scholen inricht't.

Middewiel hebben sik de Siedlungsstrukturen op beide Sieden vun't „Grote Water" täämlich angleken. En poor Saken sind aver in Amerika düütlich anners as bi uns: Dat Stratensystem mit all de lieke, brede Straten, wo, selvst in'e Oortschaften, meist keen Radfohrers oder Footgängers vörsehen sind. All de Straten un Autobahnen in Amerika sind je na Himmelsrichtung na en ganz bestimmte Schema dörchnummereert. Sodennig kann een sik bi't Autofohren över Land gut torechtfinnen. Dat is uk genau fastleggt, wo gau een op wat för'n slags Straat fohren dörf. Sodennig kann een täämlich gut taxeren, wo lang en Autotour duern ward.

Anners as bi uns is dat uk mit de Kirchen in Amerika. Bi uns ward de Kirchenstüer vun de Staat intrucken un an de Kirchen wiederleitet. In Amerika sind de Kirchen privat. In fröhere Tieden hebben sik Lüüd mit deselve Gloven tosamenslaten un en Kirchengemeende grünnt. Se hebben dat Geld tosamenleggt un sik en Preester annahmen un en Kirch buut. Dorbi is rutkamen, dat Kirchen veelmals nich, as bi uns, in't Dörp liggen. Öft steiht en Kirch irgendwo midden in'e Landschaft. Dor kamen de Lüüd vun de Glovensgemeenschaft tominnst jede Sünndag, mitünner vun wiether anreist to Gottesdeenst. Op de anner Siet wohnen in een Dörp dörchut Lüüd vun fief un mehr verschedene Glovensrichtungen, de denn sünndags in alle Himmelsrichtungen „utflegen" to Kirch. Dat Finanzielle vun de Kirchengemeen ward so regelt, dat jede Sünndag in'e Gottesdeenst en Breefumslag mit Geld un mit de Naam vun de Spender dorin aflevert ward. De Finanzverwalter vun de Kirchengemeen stellt an't Johresenn för jeedeen en Quittung ut över de Summ, de he/se över't Johr an de Kirch betahlt hett. Disse Quittung kann denn för de Stüerafreken bi't Finanzamt mit inreicht warrn. Dat is in Amerika de eenzige Beröhrung vun Kirch un Staat.

De Kirchengemeen speelt för dat soziale Leven vun vele Amerikaners en grote Rull. De Kinner warrn al vun Lütt af an in de Gemeen inföhrt. Na de Gottesdeenst blieven de Lüüd noch meist tosamen to snacken. Öft ward dor bi de Kirchen uk wat för annern daan, to'n Bispill Suppenköken un Klederstuven bedreven. Bi mien Besöken in Amerika heff ik örntlich Respekt dorför kregen, woveel sik dor jeedeen för sien Kirchengemeen insetten deit.

Wenn ik nu noch en beten över de Kirchhöfe schrieven do, denn kumm ik eentlich wedder an de Anfang vun dit Kapitel torüch, to't Utwannern. De allereerste Inwannerers weren bang dorvör, dat de Graffsteden vun de Indianers uträubert warrn kunnen. Dorför hebben se öft siss Doden direkt bi't Huus beerdigt. Denn wurrn „Friedhöfe" inrichtet. Vun „Kirchhoff" kann een dorbi lang nich immer snacken. Denn vun Anfang an en Kirch geev dat blots bi Utwannerers, de as religiöse Grupp tosamen utwannert weren un sik as Kirchengemeen tosamen ansiedelt harrn. Annern hebben sik eerst Johrteihnten later to en Gemeen tosamensloten un denn villicht uk en Kirch buut.

Dorför gifft dat över Land verstreut vele Graffplätze. De Graffsteens warrn in Amerika överhaupt nich wedder wegrüümt, un so kann een op Graffsteens in de Mittlere Westen ganz veel to de Utwannerung ut Noorddüütschland studeren. Op ole Graffsteens sind noch düütsche Texte, un dor steiht meist bi, wo de Lüüd ut Düütschland oder sunstwo ut Europa herkamen sind. Wenn een sik de Naams bekickt, denn finnt een dor en ganz grote Andeel vun düütsche un besünners uk vun schleswig-holstenische Naams. Anfangen deit dat bi: Hansen, Petersen, Jensen un so wieder all de Naams mit -sen, de dat hier uk gifft. Blots de Jansens, de kamen öft ut de Gegend Oostfreesland. Denn gifft dat de körtere Nanaams, de eher in't Holsteensche tohuus sind: Hans, Jess, Jens, Niss, Reimer, Peters, Ehlers un de Naams, de vun Berufen kamen: Schmidt, Koopmann oder Kaufmann, Snieder oder Schneider, Mahler. Ut unse Möller oder Müller sind Moller, Muller oder Miller wurrn. Ganz öft vertreden is de Naam Stoltenberg. Dat is keen Wunner, denn dor hett alleen al Hans Stoltenberg ut Schönberg in'e Probstei för sorgt. He is 1847 mit twölf Kinner utwannert na Davenport un hett dor för all sien Kinner Land köfft. Nich ganz so dull vermehrt hebben sik de Storjohanns ut Kaltenkirchen. Vun de Familie sind in de 1920er Johren na un na söven Bröder utwannert na Scott County in Iowa.

Hüüttodaags leven dor vele Nakamen vun Utwannerers ut Schleswig-Holsteen in de Mittlere Westen vun Amerika. Middewiel hebben se sik düchtig mischt mit Lüüd ut ganz Düütschland un anner Länner, vör allen ut Skandinavien, England un Irland. Uk dördörch is dat Plattdüütsche in Amerika na un na „verdünnt" wurrn. Liekers spören vele Amerikaners immer noch de Verbinnens to de „roots", de Wurteln, in Noorddüütschland.

Inholt

Plattdüütsch leevt 5
  Du oder Sie? 5
  Du, Se oder Jem? 7
Anreed mit Vör- oder Nanaam? 9
  Wer seggt „Stammnaam"? 11
  De Stamm 12
  Binaams un Ökelnaams 14
  Naklapp to Anreed un Naams 15
  Noch en Naklapp to Anreed un Naams 17
Doof: dat Woort, dat jede een kennt 19
  Gaadlich doof 20
  Mehr över doof 22
Dröög un natt 24
  Dreeg un sleu 25
  Traach 27
Dat Dörp 28
  Leven in't Dörp 29
  Mehr vun't Leven in't Dörp 31
  De Dörpsschool 32
  Dat Butendörp 34
Wat is beter, Stadt oder Land? 36
  Niee Tiet op't Land 37
  Vun 1950 bit nu 39
  Leven op en Buernhoff 40
  Un nu? 42
  Landschaft hüüttodaags 44
Bookstaav E: Een un en 46
  Dat „e" in hooch- un plattdüütsche Wöör 47
  „Au" un „äu" vun Hooch- to Plattdüütsch 49
  Anner Vokale vun Hooch- to Plattdüütsch 50
  Mitlaute vun Hooch- to Plattdüütsch 52
  Unse Woort „uk" is rett'! 53
  Wat för'n Wöör süllen wi bruken? 55

Beek, Au un Stroom... 57
    Ole Wöör, ole un niee Technik............................. 58
Plattdüütsch in Oostfreesland 60
    Oostfreesland mit all Sinnen 61
Wat ward ut de Plattdüütschkonferenzen?.............. 63
    Plattdüütsch schall wieder leven....................... 64
    Handy op Platt: Plattdüütsche Wöör
    för niee Dinge.. 66
Em un ehr 68
    Escher, Rüffel un Spaad 70
    Etepetete bi't Eten.. 71
    Ei, eisch un eien... 73
Dat Enn 75
    Liekers un amenne 76
De Eck 78
    De Eekboom 78
    Bookeckern 80
Dankeschöön 81
Wat dat sunst noch to vertellen gift...................... 83
Plattdüütsch in Amerika 83
    Plattdüütsche „Nester" in Amerika 85
    Plattdüütschünnerricht in Walcott 88
    Wat ward ut dat Plattdüütsche in Amerika? 93
    De Geschicht vun't Utwannern na Amerika 95
    Grünne för't Utwannern 96
    Worüm wannerten vele Schleswig-Holsteners
    jüst na Iowa ut?.. 97
    Eerste Inwannerers in Iowa 97
    Dat Leven vun de eerste Inwannerers 98
    1845: Iowa ward en Staat 103
    Dörper in de USA 106

Plattdüütsch leevt

Annemarie Jensen
Plattdüütsch leevt
Gedanken över
plattdüütsche Wöör

2. Auflage, 112 Seiten,
zahlreiche Abbildungen,
broschiert
ISBN 978-3-89876-597-8

Mit ihrer vielseitigen und liebenswürdigen Platt-
deutsch-Kolumne, die als Fortsetzungsserie in den
Blättern des Schleswig-Holsteinischen Zeitungs-
verlags erscheint, hat sich Annemarie Jensen in
die Herzen der Leser geschrieben. „Plattdüütsch
leevt", das zeigt die Flensburger Autorin jetzt auch
in dem daraus entstandenen Buch. Dieses ist für alle
gedacht, die intensiver über „plattdüütsche Wöör"
und „Snacks" nachdenken möchten. Auf humor-
volle Weise werden die Bedeutung und Verwen-
dung einzelner Wörter erklärt, grammatikalische
Besonderheiten erläutert und Tipps zur richtigen
Aussprache und Schreibweise gegeben. Auch wich-
tige Fragen finden Beantwortung, z. B. warum man
plattdeutsche Ausdrücke und Redewendungen
nicht ohne Weiteres ins Hochdeutsche übersetzen
kann.

Husum Verlag